HUANGGANG TOURISM

黄冈旅游

主　编 ⊙ 岑理玲
副主编 ⊙ 陈亚武　赵娜　杨清

华中科技大学出版社
http://press.hust.edu.cn
中国·武汉

内 容 简 介

黄冈市位于湖北省东部、大别山南麓、长江中游北岸，文化底蕴深厚，旅游资源丰富，区位交通优越，气候四季宜游。

本书按照黄冈市的行政区划，将黄州、团风、红安、麻城、罗田、英山、浠水、蕲春、武穴、黄梅等地的58家A级旅游景区的导游词编纂成册，希望更多人由此认识黄冈、走进黄冈、爱上黄冈。

本书可便于游客更好地了解黄冈，同时能给旅游从业人员提供学习资料。

图书在版编目(CIP)数据

黄冈旅游/岑理玲主编. —武汉：华中科技大学出版社，2023.4
ISBN 978-7-5680-8530-4

Ⅰ.①黄… Ⅱ.①岑… Ⅲ.①旅游区－黄冈－高等职业教育－教材 Ⅳ.① F592.763.3

中国国家版本馆CIP数据核字(2023)第064042号

黄冈旅游
Huanggang Lǚyou

岑理玲 主编

策划编辑：汪飒婷
责任编辑：李艳艳　汪飒婷
封面设计：廖亚萍
责任校对：刘　竣
责任监印：周治超

出版发行：华中科技大学出版社（中国·武汉）　　电话：(027)81321913
　　　　　武汉市东湖新技术开发区华工科技园　　邮编：430223
录　　排：华中科技大学惠友文印中心
印　　刷：武汉科源印刷设计有限公司
开　　本：889mm×1194mm　1/16
印　　张：11.5
字　　数：311千字
版　　次：2023年4月第1版第1次印刷
定　　价：59.80元

本书若有印装质量问题，请向出版社营销中心调换
全国免费服务热线：400-6679-118　竭诚为您服务
版权所有　侵权必究

《黄冈旅游》编审委员会

主　　任：姜安心　涂宝峰　王建学
副 主 任：周常青　程建华　刘　海
编　　委：方华国　岑理玲　周锋刚　陈亚武
　　　　　赵　娜　杨　清　童　丹　徐碧涵

前 言

黄冈位于湖北省东部、大别山南麓、长江中游北岸，现辖七县二市和黄州区、龙感湖管理区、黄冈高新区、黄冈临空经济区、白莲河示范区，总面积1.74万平方千米。

黄冈文化底蕴深厚，旅游资源丰富，区位交通优越，气候四季宜游，具有发展文化旅游业的良好基础。红色文化光辉灿烂，是大别山革命老区的核心区，已认定不可移动革命文物655处，有馆藏革命文物15572件，数量居全省第一。名人文化璀璨夺目，1600多位古今名人，涵盖政治、经济、军事、教育、科技、文学等领域，名家辈出。戏曲文化源远流长，"四戏同源"形成独特文化景观。医药文化享誉世界，鄂东"四大名医"闻名遐迩，李时珍巨著《本草纲目》入选《世界记忆名录》。非物质文化遗产久负盛名，有国家级非物质文化遗产10项，省级非物质文化遗产46项。自古就有"蕲黄禅宗甲天下，佛教大事问黄梅"的美誉，走出3位佛教禅宗祖师，在中国宗教史上影响深远。生态文化独具特色，建成黄冈大别山世界地质公园，是长江中游重要生态屏障、中部地区重要生态功能区。

黄冈文化旅游产业初具规模，配套设施日趋完善。截至2022年12月，全市现有相关产业企业209家，国家级全域旅游示范区1个，A级旅游景区87家，其中AAAA级旅游景区21家；旅游四星级饭店7家；湖北旅游名镇3个，旅游名街1条，旅游名村7个。

大别山水，人文黄冈。为了便于游客更好地了解黄冈，同时给旅游从业人员提供学习资料，我们按照行政区划，将全市58家A级旅游景区的导游词编纂成册，希望更多的朋友由此认识黄冈、走进黄冈、爱上黄冈。

编 者

目录

大美黄冈　此心安处

东坡遗爱　文峰黄州

- 东坡赤壁 004
- 遗爱湖公园 007
- 黄冈博物馆 016
- 李四光纪念馆 026
- 陈潭秋故居 029
- 宝塔公园 033

人文胜地　魅力团风

- 黄冈革命烈士陵园 036
- 田园童话世界景区 038

将军故里　传奇红安

- 黄麻起义和鄂豫皖苏区纪念园 042
- 李先念故居纪念园景区 045
- 天台山风景区 047
- 帝王湖景区 051
- 陡山吴氏祠 052
- 长河缘生态旅游度假区 055
- 长胜街景区 057

人间四月天　麻城看杜鹃

- 龟峰山景区 060
- 麻城烈士陵园 063
- 五脑山国家森林公园 066
- 麻城孝感乡文化园 068

麻城博物馆	072
菊香人家	074
纯阳大峡谷	074
杏花村	076
古孝感乡都	078

千里大别山　美景在罗田

天堂寨	082
薄刀峰	084
燕儿谷	087
天堂湖风景区	089
胜利红色旅游区	092
潘家湾	093

中国好空气　英山森呼吸

大别山南武当	097
桃花冲风景区	100
四季花海	103
天马寨	106
英山县烈士陵园	108
乌云山茶叶公园	109
神峰山庄	110
童玩谷生态园	112

一多故里　秀美浠水

三角山风景区	116
闻一多纪念馆	120
浠水县博物馆	125
月湖生态公园	127

中国艾都　养生蕲春

雾云山景区	128

普阳观景区 130

李时珍纪念馆 133

李时珍百草园 135

三江生态旅游度假区 138

千年广济　大美武穴

广济时光景区 141

仙姑山景区 142

横岗山景区 144

希尔寨生态农庄 146

龙门花海景区 148

千年古县　灵润黄梅

四祖风景区 150

五祖风景区 153

东山小镇问梅村 158

邢绣娘生态园 161

袁夫稻田 162

玫瑰谷漂流观光生态园 165

黄冈旅游线路

参考文献

后记

大美黄冈　此心安处

湖北省东部，大别山南麓，长江中游北岸，有一座人文荟萃、山川秀丽的城市——黄冈。

2000多年的建制历史，形成璀璨夺目的"六大文化名片"（红色文化、名人文化、医药文化、戏曲文化、非遗文化、生态文化）。黄冈诞生了200多位开国将帅，3位中共一大代表，2位国家主席，还有毕昇、李四光、闻一多等多位古今名人；黄冈是黄梅戏的发源地，形成"四戏同源"的文化奇观；黄冈是中医药宝库，《本草纲目》作者李时珍等名医辈出；黄冈大别山世界地质公园展现出独步全球的地质奇观。

人文历史赋予诗情画意，大别山水造就秀丽风光。黄冈四季有景，色彩缤纷，我们一起来看。

春看山花烂漫，十万亩杜鹃花海。天下第一石龟——龟峰山，曲径通幽、古木参天的龙潭河谷，黄冈带给你的不仅有美景，还有天然氧吧"森呼吸"的享受。

夏观飞瀑流云。登上大别山第一主峰——天堂寨，晨观日出，夜望星空，看怪石嶙峋，蛟龙盘卧；赏瀑布飞溅，溪流潺潺；玩激情漂流，乐爽一夏。

秋赏漫山红叶，层林尽染。罗田九资河、英山桃花冲皆可赏红叶，与麻城千岛湖的落日渔舟、人间仙境浠水白莲河一起组成妙不可言的田园野趣。

冬享温泉滑雪。4座专业的滑雪场，供游客体验冰雪运动的乐趣；地热资源丰富，滑雪之后泡个温泉，配上老米酒、蒐子火，真是一大美事。

这是一趟有故事可听、有美景可看、有美食可吃的快乐旅程，朋友们，我在黄冈等你！

视频：黄冈

黄冈 旅游

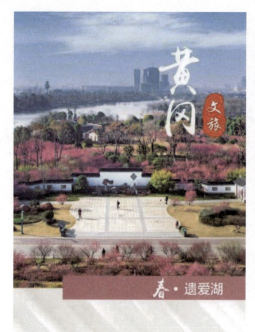
春·遗爱湖

夏·薄刀峰

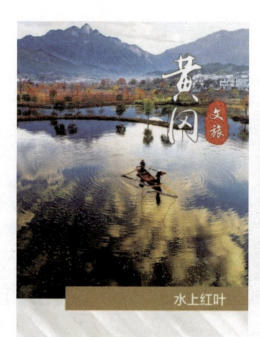
水上红叶

三里畈温泉

东坡遗爱　文峰黄州

"大江东去，浪淘尽，千古风流人物……"一首《念奴娇·赤壁怀古》，成就了苏东坡，也使黄州响彻大江南北。

黄州总面积353平方千米，常住人口45.68万，是黄冈市政治、经济、文化中心。黄州素有"古名胜地，人文薮泽"之称，具有灿烂的历史文化和丰富的人文、自然资源，区内有东坡赤壁、遗爱湖、安国寺、青云塔、禹王城、陈潭秋故居等人文景观和文化遗产，其所属的黄冈市先后被授予全国历史文化名城、国家卫生城市、国家园林城市、全国双拥模范城市等荣誉称号。

黄州是武汉城市圈的重要组成部分，区位优势明显，区内有1个长江一类水运口岸，与2座国际机场毗邻，建有3座长江大桥、4所大学、7条重要通道和多个产业园区，是大别山革命老区和经济社会发展试验区的重要组成部分。

视频：黄州

黄州经济发展活跃，有一批重点企业和多个高科技企业。2020年，实现地区生产总值241.1亿元，发展增速居全市前列。

黄州山清水秀，区内水资源丰富，有2条大河（长江与巴河），拥有大小湖泊、水库20多个。近几年，黄州强力推进"雷霆行动"，打好蓝天碧水净土保卫战，对辖区内的湖泊实施"一河（湖）一策"规划编制，加强长江、巴河水域环境综合整治，推进长江岸线复绿工程，深入开展全区人居环境综合整治，区内生态环境持续改善，水域环境质量持续向好，黄州空气质量优良天数比例达到88.5%。

近年来，黄州实施"一主引领、两翼驱动、全域协同"区域发展布局，抓住武汉城市圈一体化发展契机,抢抓建设"一极两区三城"和黄团浠一体化建设重大机遇,坚持市区一体、武州一体、城乡一体、产城一体、黄团浠一体发展,奋力把黄州建设成为"黄冈振兴崛起顶梁柱、高质量发展领头雁、市域发展中心城",为黄冈"两个更大"做出黄州贡献。

东坡赤壁

视频:东坡赤壁

东坡赤壁是一处以丹霞地貌山水风景为特色,以赤壁矶古建筑群为主体,融三国赤壁文化、东坡文化、黄州古城文化和长江文化于一身的国家 AAAA 级旅游景区。

东坡赤壁大门门楣横匾上"东坡赤壁"四个遒劲有力的大字是当代著名书法家舒同先生题写的。舒同是我国杰出的书法艺术大师之一,也是"舒体"的创始人,中国书法家协会创始人之一,并任第一任主席,他被毛泽东同志誉为"马背书法家""党内一支笔"。

东坡赤壁风景区占地面积 0.36 平方千米,由赤壁矶、玉屏山、龙王山、聚宝山等丘陵体组成,山体最高海拔 76 米,绿化覆盖率达 85%。东坡赤壁的古建筑,以清同治七年(1868 年)所修居多,现有二堂(二赋堂、雪堂),二阁(留仙阁、碑阁),三楼(挹爽楼、涵晖楼、栖霞楼),九亭(坡仙亭、酹江亭、睡仙亭、放龟亭、问鹤亭、快哉亭、揽胜亭、望江亭、羽化亭),剪刀峰,东坡先生

雕像等。这些建筑依山就势，古朴典雅，屹立于赤壁矶赤色的山崖之上，掩映在婆娑的树木丛林之中，素有江山如画的美誉。

　　古往今来，不少名人、文人游览过赤壁。从李白、杜牧、王安石、范成大、辛弃疾、陆游、袁宏道等历史名人，到董必武、陈毅、胡耀邦等党和国家的重要领导人，都先后游览过赤壁，并留下了诗词、楹联、匾额等书法手迹。

　　东坡先生名轼，字子瞻，号东坡居士，世称苏东坡，四川眉山人，是北宋杰出的散文家、书画家、词人、诗人，是豪放派词人的主要代表。此外，他在水利、教育、音乐、数学、美学、烹饪等多方面都有重要成就。东坡先生与父亲苏洵、弟弟苏辙并称"三苏"，同属唐宋散文八大家。其文汪洋恣肆，明白畅达，与欧阳修并称"欧苏"；东坡先生的诗清新豪健，善用夸张、比喻等修辞手法，在艺术表现方面独具风格，与黄庭坚并称"苏黄"；东坡先生的词开豪放一派，对后世有很大的影响，与辛弃疾并称"苏辛"；东坡先生的书法自创新意，用笔丰腴跌宕，有天真烂漫之趣，擅长行书、楷书，与黄庭坚、米芾、蔡襄并称"宋四家"；东坡先生的画学文同，喜作枯木怪石，论画主张神似，被认为是中国历史上少有的全才。

　　东坡先生是一位才华横溢的大学者，其文学造诣少有人能望其项背。东坡先生也是一位颇有能力的好官，在当地方官时，他有过出色的政绩，如徐州抗洪、杭州疏浚西湖，至今为人传颂。但东坡先生刚直不阿，因此屡次遭小人和野心家的排挤陷害，加之其政见与统治者也不一致，因此仕途不顺，历尽坎坷。虽想为国出力，为民谋利，但中年被贬谪黄州，晚年被贬谪惠州、儋州，其政治才能无法施展，政治抱负付诸流水，令人扼腕叹息。

　　东坡先生在黄州生活期间，躬耕劳作，和黄州的老百姓打成一片。他关心黄州老百姓的疾苦，也得到了黄州老百姓的真心帮助，与黄州老百姓建立了深厚感情。东坡先生谪居黄州时期，是他政治上的失意时期，但在文学创作上，却是他辉煌灿烂的岁月。在黄州四年零四个月的时间里，他游遍了黄州的山山水水，创作了诗歌约220首、词66篇、赋3篇、文约169篇等大量文学作品，还有288封书信，在黄州谪居时期成为东坡先生文学创作的巅峰阶段。在东坡先生众多的诗词文赋中，脍炙人口的赤壁"二赋一词"，被称为千古绝唱。

　　正是东坡先生的"二赋一词"，使黄州赤壁这处以赤壁大战而闻名的古战场声名鹊起。一时间，文人墨客纷纷前来，仁人志士以不睹黄州赤壁的风采为终身的遗憾。清康熙末年，黄州知府郭朝祚修葺赤壁，因敬仰东坡先生的宏才馨德，将黄州赤壁更名为"东坡赤壁"，这就是东坡赤壁的由来。从此，黄州赤壁就以周郎的武、东坡的文而享誉神州大地。而东坡赤壁的称谓，至今已有300多年的历史。

在东坡赤壁景区，最主要也是最著名的一处建筑和景观，就是挹爽楼第一层的碑阁了。

东坡先生是宋代四大书法家之一，尤其擅长行书、楷书。他的书法如绵裹铁，特点是外柔内刚，用笔丰腴跌宕，其字或丰润或拙朴，或雄健或婀娜，有天真烂漫之趣。东坡赤壁有东坡先生的书画碑刻139块，主要陈列在碑阁和坡仙亭内。

碑阁嵌有属于国家一级保护文物的《景苏园帖》石刻，因而最为文人墨客注重，也深得书法爱好者和游人的喜爱。碑阁是我国目前保存最完整、作品最多的东坡先生手书石刻，其规模居全国个人书法碑林之冠。

为什么记录东坡先生书法的石刻叫《景苏园帖》呢？这得从清光绪十六年（1890年）苏东坡的同乡杨寿昌来黄冈任知县说起。

杨寿昌是四川成都人，和东坡先生是四川同乡，他到黄州为官，而黄州又是东坡先生谪居之地，他十分景仰同乡前贤，特别喜爱东坡先生的书法。但东坡先生的大多数书法墨宝在宋徽宗初年的党禁中被蔡京所毁，其墨迹已不多见，宋刻苏帖也罕有流传，流传于世的摹刻真赝参半。虽然东坡先生久居黄州，但仅存《乳母任氏墓志铭》石刻，而这仅存的《乳母任氏墓志铭》石刻中又有误字，因此，杨寿昌十分想在黄州重辑东坡先生书帖。

也是天助杨寿昌，清末杰出历史地理学家、金石书法家、书法鉴赏家湖北宜都人杨守敬正好在黄冈担任教谕一职，于是杨寿昌将自己的愿望告诉了杨守敬，希望得到杨守敬的帮助。杨守敬十分敬仰东坡先生，他自号"邻苏老人"，其居室名"邻苏园"。在当时的书坛上，杨守敬的鉴赏水平享有盛誉，且收藏苏帖甚富。选刻苏帖，本是杨守敬早有的打算，只是个人经费不足，未能如愿。如今杨寿昌想重辑东坡先生书帖，正好不谋而合，于是欣然答应。

杨守敬答应杨寿昌后，将自己收藏的《西楼帖》《晚香堂帖》《秀餐轩帖》《快雪堂法帖》等数十种书帖、手卷及碑文拓片进行反复比较，择其优者，送杨寿昌审定。杨寿昌赞同杨守敬的选辑，于是，聘请临摹专家刘宝臣进行镌刻。

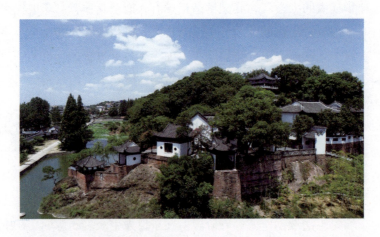

在镌刻之前，杨寿昌在县署西侧辟出一间房屋，取景仰苏东坡之意，将该园取名为景苏园，打算碑石刻完后，再嵌置在景苏园内，以流传后世，所以东坡先生墨宝的石刻就被称为《景苏园帖》。

《景苏园帖》集中了东坡先生书法的精品。东坡先生擅长行书、楷书，取法颜真卿、杨凝式等而能自创新意。东坡先生称自己的书法藏巧于拙，如绵裹铁，具有外柔内刚的风格。其楷书石刻《前赤壁赋》被历代书法家给予了很高的评价；行书石刻《寒食诗帖》被称为"天下第三行书"，历代书法家对此帖评价极高；行书石刻《北游帖》瘦劲秀润，与后来的粗壮凝重不同，又是一番风格；石刻中的《杜甫〈桤木〉诗卷》，凝重而不呆滞，婀娜而不轻佻，是苏书的佳品。经过3年的努力，集苏书大成的著名的《景苏园帖》，共刻成126块。

● 遗爱湖公园

视频：遗爱湖

　　遗爱湖公园位于黄州区内，是一座集东坡文化、生态保护、休闲娱乐等于一体的综合性开放公园，是国家AAAA级旅游景区、国家湿地公园，2014年被评为湖北省十大最美湖泊。湖岸蜿蜒曲折，移步换景，整个湖泊被小岛点缀，湖汊相通，丽质天成。遗爱湖公园由"一环、两片、五区、十二景"构成。一环是沿湖观光旅游的环形主路线；两片是东湖片区和西湖片区；五区是东坡文化休闲区、文化商业休闲区、专类植物生态休闲区、原生态自然保护区和户外运动游乐区；十二景包含了中国传统文化中春夏秋冬、风花雪月、松竹梅兰等元素，并且都与苏东坡的人格魅力、人生经历、艺术作品紧密联系，情景交融，富有诗情画意。

　　整个遗爱湖公园共有十二个景区，分别是遗爱清风、临皋春晓、东坡问稼、一蓑烟雨、琴岛望月、红梅傲雪、幽兰芳径、江柳摇村、水韵荷香、大洲竹影、霜叶松风、平湖归雁。我们细细品味一下这些景区名称，就会发现，这十二个景区的名称都是四个字，朗朗上口，还可从苏东坡的名词佳句中找到出处。它包含了春夏秋冬、松竹梅兰、风花雪月等中国文化的传统元素，集中体现了东坡文化。景区内布置的东坡雕像、东坡诗词碑刻、苏东坡纪念馆等，具有丰厚的文化内涵，突出了东坡文化的主题，彰显了苏东坡提倡的"遗爱精神"。

　　遗爱湖公园是一座以东坡文化为主题的公园，但十二个景区在主题功能上各有侧重和分工。其中，遗爱清风、临皋春晓、东坡问稼、一蓑烟雨、琴岛望月、红梅傲雪六个景区，以东坡文化为主线，形成东坡文化休闲区；江柳摇村、幽兰芳径两个景区以文化和商业为主线，形成文化商业休闲区；大洲

竹影、水韵荷香两个景区以专类植物生态为主线，形成专类植物生态休闲区；霜叶松风景区以生态保护为主线，形成原生态自然保护区；平湖归雁景区以户外运动游乐为主线，形成户外运动游乐区。

▶ 遗爱清风景区

遗爱湖由三个天然湖泊组成，过去称为东湖、西湖和菱角湖。20世纪90年代初，为了加快黄州的建设与发展，黄冈市政府决定将这一大片开辟为城市休闲区，并在社会上征求名称，最终采纳黄冈市一位研究苏东坡专家的建议，定了一个很有文化韵味的湖名——遗爱湖。

遗爱湖公园是一座以东坡文化为主题的公园。为什么要在这里建一座与苏东坡相关的主题公园呢？苏东坡与黄州又有什么关系呢？这里引用余秋雨说过的一句话来回答，"黄州成全了苏东坡，苏东坡也成全了黄州"。这一句话很准确地说明了黄州与苏东坡的关系。

中轴线两边有四块大浮雕。右边的两块浮雕分别是《寒食诗帖》和《念奴娇·赤壁怀古》。《念奴娇·赤壁怀古》浮雕以周瑜、小乔、战船为背景，展现了苏东坡在江涛中举杯高歌的样子；而《寒食诗帖》浮雕以被称为"天下第三行书"的手迹为背景来衬托苏东坡仰天长啸的情怀。左边的两块浮雕分别是苏东坡的《赤壁赋》和《后赤壁赋》。《赤壁赋》浮雕，以曹操在赤壁大战前"酾酒临江，横槊赋诗"为背景，展现了苏东坡坐在江上船中，听道士吹洞箫时的陶醉情景；《后赤壁赋》浮雕是按照《后赤壁赋》中"横江东来。翅如车轮，玄裳缟衣，戛然长鸣，掠予舟而西也"的情景，设计出孤鹤仙人的背景，展现苏东坡在江上船中醉卧并思考问题的情景。这四块浮雕，不仅展示了苏东坡在黄州最有名的作品，而且展现了中国古代文化的精华。这四块浮雕一下子就把我们拉进了东坡文化氛围中。

东坡文化是遗爱湖公园的灵魂，一花一木，亭台楼阁都彰显着东坡文化的魅力，景区所有景点的命名都与苏东坡有着千丝万缕的联系。遗爱清风景区是公园十二景的开篇。这个景区为什么叫遗爱清风呢？"遗爱"出自苏东坡的《遗爱亭记》，"何武所至，无赫赫名，去而人思之，此之谓遗爱"。遗爱就是留下仁爱，这是苏东坡赞扬北宋时黄州最高长官徐君猷为官爱民，造福黄州所用的词。"清风"出自苏东坡在黄州所写的《赤壁赋》中"清风徐来，水波不兴"，"唯江上之清风，与山间之明月，耳得之而为声，目遇之而成色"的佳句。"清风"除字面意思外，还有两层意思，一是遗爱清风景区是遗爱湖公园的主景区，遗爱亭是遗爱湖公园的最高点，站在这里，会感到清风拂面，心旷神怡；二是为官一任、两袖清风是官员的廉政准则，遗爱亭正前方的苏东坡纪念馆就是湖北省的廉政教育基地。

经过文化长廊，前方高耸着一座苏东坡雕像，它由花岗岩雕刻而成，身躯伟岸，形态飘逸，表现出苏东坡飘逸洒脱的文人风采，远远望去，让人肃然起敬，环顾四周，东坡文化之风扑面而来。

苏东坡在黄州做的事很多，但概括起来主要有四件：一是修身养性，二是游山览水，三是广交朋友，四是激情创作。

黄州的苏东坡纪念馆是一座玲珑精致、古色古香的建筑，也是湖北省唯一的一座苏东坡纪念馆。

苏东坡纪念馆的匾额由著名文人余秋雨题写。他有感于遗爱湖的美丽，曾说："遗爱湖公园与国内大城市的园林相比，无论是建筑风格，还是文化内涵，都匠心独运，毫不逊色。"这番感慨，道出了遗爱湖公园秀丽的自然美和深厚的人文美。

苏东坡纪念馆门前有四块地雕，分别雕刻着苏东坡在眉州、黄州、惠州、儋州的生活情景。这四地是苏东坡一生中重要的生活地，眉州是他的出生地，重要性不言而喻，为什么说其他三地也十分重要呢？用苏东坡自己的话说，"问汝平生功业，黄州惠州儋州。"所以就有了这四块地雕。

大门前面挂着两副对联。一副对联的内容是"翰墨溯高风，轮扶大雅；椒馨荐遗爱，鼎峙前修"。它的作者是清代探花、黄冈蕲春人陈銮。对联非常典雅，上联中"翰墨"指书法，也可以指文章，"溯"是追寻的意思，"高风"就是高尚的风格，"轮扶"就是辅助、扶持的意思，"大雅"则泛指精神、道德高雅；下联中"椒馨"是指花椒的芳香，出自《诗经》，这里指传家的精神财富，"荐"就是推举、介绍的意思，"遗爱"指留于后世而被人怀念的德行、恩惠、贡献等，"鼎峙前修"是指与古往高贤鼎立、并峙。这副对联高度概括了苏东坡的人品和文品，雍容大雅，可以说是神来之笔。另一副对联的内容是"大江东去一叶扁舟半船明月，爽气西来三声箫笛两袖清风"。他的作者是已故的黄冈著名文人丁永淮。

遗爱清风景区由城市灰空间廊道、文化景观区、滨湖观光带3个主要部分组成，建有苏东坡雕像、苏东坡纪念馆、文化长廊、水幕电影、音乐喷泉、儿童游乐场、阳光沙滩等景观景点及设施，而景区的主题景观和核心建筑则是遗爱亭。

▶ 临皋春晓景区

杭州西湖有苏堤，遗爱湖也有一座"苏堤"，它是一座古朴典雅的朱红色小桥，连接遗爱清风和临皋春晓两个景区。行走在小桥上面，可以沐浴清风，欣赏荷花，品味"接天莲叶无穷碧，映日荷花别样红"的意境，别有一番风味。

临皋春晓景区的湖汊上有两座小桥，分别是徐公桥和苏公桥，苏公即苏东坡，徐公即黄州知州徐君猷。这里修建两座小桥，一方面是为了连接与遗爱清风景区和东坡问稼景区的交通，另一方面是为了纪念苏东坡与徐君猷惺惺相惜的真挚友情，以及他们为黄州人民做出的贡献。

朱红色小桥所在的这片湖中半岛，是公园的另一个景区——临皋春晓景区。"临皋"有两层意思：一是临皋的本义，即临近水边的高地，正好符合此处的自然地貌，这里原来是部队的打靶场，地势比较高，三面环水，登高望远，视野很开阔；二是苏东坡在黄州住的地方叫"临皋亭"，在黄州江边。而"春晓"则是来自苏东坡的"杜宇一声春晓"，也有春天到来的含义，告诉人们遗爱湖的春天到了。

临皋春晓景区的场地很开阔，是举办大型活动的良好场所，所以这里建造了一座广场，叫东坡文化广场，东坡文化广场是这个景区最大的亮点。广场的面积达8000多平方米，可以容纳1万人以上。它是市民文化休闲的场所，也是黄冈市举办群众性集会和各类大型演出活动的重要场地，中央电视台的《激情广场》栏目曾在这里录制节目，东坡文化节开幕式、黄梅戏艺术节等大型文艺活动曾在此举办。

广场中间的雕塑，做工精巧，美观漂亮，是一块汉白玉如意地雕，"如意"象征着吉祥美好，代表了人们对幸福生活的追求和祝愿。

广场两边分布着许多古色古香的建筑，这些建筑错落有致，分布合理，功能完善，茶楼、餐馆、商店、卫生间一应俱全。为方便游客，旁边的公共绿地里还建有生态林荫停车场，总面积达2万多平方米，其中林荫面积1.2万平方米，建有停车位200多个。这个生态林荫停车场完善了景区公共绿地的配套功能，方便游客出行游乐，营造了人与自然和谐共处的生态环境。

广场南面的建筑是流光阁，灰墙碧瓦、飞檐翘角、古朴典雅。流光阁来自苏东坡的《前赤壁赋》中"桂棹兮兰桨，击空明兮溯流光"。流光阁共3层，取天时、地利、人和之意。它是临皋春晓景区制高点，与遗爱清风景区的遗爱亭遥相呼应，又是临皋春晓景区的核心景点，登高远望，可让人心旷神怡。

流光阁前面的巨型红砂石是整块石料，在舞台表演时可以作为背景，巨石正面题刻的是《念奴娇·赤壁怀古》，背面题刻的是《赤壁赋》，配以浩荡江水的浮雕造型，景意交融，辞赋与书法在这里完美结合。

▶ 东坡问稼景区

跨过一座三间四柱的木作牌坊的门槛，来到公园的第3个景区——东坡问稼景区。这座牌坊采用框景的组景手法，整体上来看，青红相间，油彩绚丽，色泽鲜艳，与周围环境十分协调。

道路右边的石碑上刻有景区的名字，为什么叫东坡问稼呢？东坡问稼包含两层意思：一是苏轼在黄州种田的辛酸往事，二是苏轼以"东坡"这个号写了许多优秀作品。北宋年间，苏轼因为乌台诗案被贬到黄州，任黄州团练副使，不准签书公事，官职低又无权，俸禄无法满足一家二十多人的日常生活，常常无米做饭，无饭可吃。他刚开始靠节俭度日，每月初，将官府发的俸禄分成30串铜钱，再把这些钱吊在屋梁上，每天早晨取下一串，作为当天的生活开支，节余的放在竹筒里招待客人，如果不够就只能饿肚子。即使这样拼命节俭，也常常是吃了上顿没有下顿，忍饥挨饿。最终，苏轼在无可奈何的情况下，向官府申请救助，知州徐君猷等官员同情他的处境，就拨给他一块0.03余平方千米位于黄州城东边的坡地。于是，苏轼带领一家人在这里耕田种地，终于解决了一家人的生活温饱问题，这就是著名的东坡耕田故事。由于这是苏轼第一次耕田种地，对许多庄稼不了解，就经常向黄州老百姓请教耕田种地的方法，这也拉近了苏轼与黄州老百姓的关系。苏轼为了纪念他在黄州城东边的坡地耕田种地，成为一个"识字耕田夫"的经历，给自己起了个"东坡居士"的号，后来东坡这个号的流传越来越广，甚至盖过了苏轼本名，这也是文学史上的一件趣事。

建设遗爱湖公园，是要实现三大功能。第一个功能是生态环保。遗爱湖公园是2006年开始建设的，最初的目的就是治污，当时的遗爱湖因污水、垃圾、养殖等原因，污染十分严重，需要治理。市委市政府从2006年开始在这里实施生态治污，效果还比较好，当然，也还不彻底，还要继续治理。第二个功能是文化传承。遗爱湖经过生态治理，效果初步显现出来了，而此时，苏轼在黄州的文化贡献越来越为人们所熟知，在全国影响越来越大，因此，市委市政府决定以传承苏东坡文化为主题，在这里建立一个苏东坡文化主题公园。第三个功能是休闲娱乐。既然是建公园，就要惠民。既要能休闲娱乐，又要惠及黄州所有的老百姓，政府在财政十分困难的情况下，仍做到所有人进公园一律免费，这是十分难得的。

遗爱湖公园占地总面积 5.03 平方千米，其中水域面积 2.94 平方千米。目前，它的水域面积只有杭州西湖的一半，但遗爱湖纵深开阔，沿湖岸线达 29 千米，蜿蜒曲折，是杭州西湖的 2 倍。整个公园三湖相连，湖汊沟通，小岛点缀，所以湖岸线长。

遗爱湖公园不收取门票，不允许机动车进园，只有人行道和非机动车道，游客可根据路面颜色，区分人行道和非机动车道，这样就给广大市民提供了一个既安全又天然的休憩场所。生活在城中的黄州人，正在享受着幸福生活。

道路的左边是模拟的东坡田，它用柿树、乌桕、果石榴、酢浆草、茶树等植物搭配，打造成小片自然风光观景区。

这里的植物种类丰富，种有各种名木花草，栽植的树木主要有樱花、紫薇、紫荆、海棠、梅花等。给游客营造了"春有百花秋有月，夏有凉风冬有雪"的舒适环境。水边还有亲水平台、亭廊楼榭。畅游其中，移步换景，美不胜收，充分展示了人与自然和谐相处的情景。

"遗爱湖公园"石牌坊位于东坡问稼景区与一蓑烟雨景区之间，在公园东入口。石牌坊长 12 米，近 8 米高，三间四柱。这座石牌坊的特点是整体呈灰白色，素洁耸立，淡雅宁静，清丽秀美。

▶ 红梅傲雪景区

这个景区以梅花为主题，通过孤植梅和片植梅两种梅花，加上其他树木品种，结合自然山石，形成古朴幽静的园林空间。每年大雪纷飞时，梅花盛开，白皑皑的雪中有红艳艳的梅花点缀，更加彰显了梅花不畏风霜、傲然挺立的品格，因而每年都吸引大量的摄影爱好者和文学爱好者，这也是景区名称的意境由来。

苏东坡酷爱梅花，更爱写梅花，这种情趣到了黄州后，依然不变。当年苏东坡从京城开封到黄州，看到山谷里的梅花在狂风中仍然顽强开放，恍然大悟，认识到自己虽然时运不济，受了这么大的打击，

但也应该像梅花那样意志坚定，于是写下了"春来幽谷水潺潺，的皪梅花草棘间。一夜东风吹石裂，半随飞雪度关山"的诗歌。他还在黄州写下了《红梅三首》，其中一首写道，"怕愁贪睡独开迟，自恐冰容不入时。故作小红桃杏色，尚余孤瘦雪霜姿"。苏东坡在这里用拟人手法，把梅花那种不胜娇羞的感觉写得入木三分。当然，苏东坡在黄州还有许多咏梅名篇，如"郴城山下梅花树，腊月江风好在无？"等。

整个遗爱湖景区有木、石、砖六座牌坊，都是当代牌坊的上乘之作。在东坡问稼景区处已介绍了木牌坊，看到了石牌坊，此处的砖牌坊位于红梅傲雪景区文峰路入口处，特点是三间四柱，京砖镶嵌，手工制作，门楼正中题写"遗爱湖公园"，傍有"如意""吉祥"等字样，砖牌坊的用材是砖，并且在砖上镂雕图案，这些图案以古人生活场景和寓意吉祥的动植物为题材。牌坊整体呈青灰色，体态庄重，形制厚实，气宇轩昂，为遗爱湖增添光彩。建造这座砖牌坊的工匠是著名的"香山帮"匠人，"香山帮"做古建筑十分有名。

▶ 江柳摇村景区

江柳摇村景区位于幽兰芳径景区以南，主景区地处东湖渔场居民区，包括连心桥以北部分区域。景区规划面积约22万平方米，其中，绿化面积9.42万平方米。景区以村落文化为特色，设计建设为古朴村庄，有水街、廊桥、观景台和仿古村落，村落周围遍植柳树，辅以梨树、芙蓉、李、荷花等，可体会到苏东坡"十日春寒不出门，不知江柳已摇村"的意境，别有韵味。

▶ 霜叶松风景区

霜叶松风景区名字来源于苏东坡的诗句"自知醉耳爱松风，会拣霜林结茅舍"，其水体属于东湖，规划总面积72.5万平方米，是十二个景区中面积最大的。

该景区周边保存了大片湿地和茂盛的森林，是候鸟喜爱的栖息地，所以，景区以建设原生态自然保护区为目标，建有生态湿地、观鸟台，栽种有茂盛的植物。植物以松树为主，有池杉和湿地松林，以及银杏、枫树、鸡爪槭、漆树等叶子在秋天变红色或黄色的植物。游人至此，独立寒秋，感受松风阵阵，观赏层林尽染，物我皆忘。

景区内辟有生态露营区、采摘体验区、休闲垂钓区、森林健身区等，供人们休闲娱乐。

▶ 平湖归雁景区

平湖归雁景区视野通透，映入眼帘的是一湾平静的湖水。若徜徉湖边树下，忽见湖面上空飞来一群大雁，可体验"诗中有画，画中有诗"的意境，感受大雁归来的喜悦，实为人生乐事。

景区名称取自苏东坡《西江月·重九》中"点点楼头细雨，重重江外平湖"和《调笑令》中有"归雁归雁，饮啄江南南岸"的词句。

该景区是市民户外运动游乐的区域，规划有水上活动、休闲健身、儿童活动、游乐设施等功能分区，将布置动感步道、音乐喷泉、方格迷宫、休闲泳池等景观，以满足不同年龄段人群的户外活动需求，为市民户外休闲、运动健身营造绿色、生态、公共的特色开放空间。

▶ 幽兰芳径景区

幽兰芳径景区与其他景区有一个明显区别，就是整个景区完全在遗爱湖中的一个小岛上，隔湖与湖心路相望，通过两座景观桥相连。这个景区以兰文化为主题，大量种植的兰花成为景物特征。这些兰花在春天开花后，芳香四溢，而景区内的小路曲径通幽，从而营造出空谷幽兰的环境，大有苏东坡《浣溪沙》中"山下兰芽短浸溪，松间沙路净无泥"的意境，提醒人们感悟自然，笑对人生。

宜兰居是一个兰花种植培育基地。兰花对生长环境极为挑剔，许多品种需要保持一定的温度和湿度。

兰花是中国的传统名花，被称为"花中君子"。它的特点是高洁清雅，花朵俊秀，香气远溢，沁人心脾。我国养殖兰花的历史悠久，爱兰花的人很多，其中以屈原最有名，他的文学名篇中有很多赞美兰花的句子。所以，兰花具有深厚的历史积淀，人们把品赏兰花提升到了品德修养、人文哲理的高度，形成了独特的兰文化。总的来说，兰花象征了中国传统文化中的理想品格：德行高雅，坚持操守，淡泊自足，独立不迁。画家多用水墨来表现兰花的美丽和素洁，追求大朴大雅的神韵。

惠风亭依势而建，立于高处。站在亭子上可以俯瞰整个景区，在闻到幽幽花香，欣赏美景的同时，畅想苏东坡在黄州和朋友一起户外旅游激情创作的情景，也别有一番风味。

兰花有"君子之花"的雅号，君子桥是为了纪念苏东坡和他的弟弟苏辙之间深厚的感情而建的。苏东坡因乌台诗案而被捕入狱的时候，苏辙为维护哥哥尽心尽力，苏东坡一家人都委托弟弟苏辙照顾。苏东坡要定罪时，苏辙请求用降自己官职的方法来给哥哥抵罪。苏东坡身无分文时，苏辙倾囊相助。而在苏东坡政治得意时，苏辙常常告诫哥哥要小心小人。苏东坡到黄州后，苏辙又专程护送苏东坡一家人来黄州相聚。兄弟俩游赤壁，游西山，相互写诗写文勉励。

▶ 水韵荷香景区

水韵，这一片景区水域宽广，湖面宽阔；荷香，这里适合种植莲花，每年的夏天，清香扑鼻而来，令人陶醉，两者结合，自然天成，所以就取名"水韵荷香"。

湖心路也叫风情一条街，目前有酒吧、茶馆等商业入驻。

一说到莲花，大家马上就会想到很多咏莲赏荷的诗词文章，比如，南宋杨万里的"接天莲叶无穷碧，映日荷花别样红"。目前，遗爱湖荷花开得最盛的地方在临皋春晓景区苏公堤旁和平湖归雁景区伊利工厂对面。此处湖中是种植了大量荷花的，但是由于水太深，荷花刚种植不久，所以现在还看不到"接天莲叶无穷碧"的景象，相信不久就会欣赏到这般美景的。

为了便于游客观赏湖景，沿岸建有栈道亲水平台，并修建了水韵广场，这也是遗爱湖公园西侧可供市民休闲娱乐的一个最大的广场。步行其中，湖风吹来，心旷神怡。

沿湖的观赏亭有月香亭、风露亭、三苏亭等，其中，三苏亭是湖中的三个小亭，是为了纪念苏洵和他的两个儿子苏轼、苏辙而建的。"三苏"是继汉代曹操、曹丕、曹植父子三人之后，中国文学史上最有名气的父子文人搭档。在唐宋散文八大家中，他们父子就占了三位。"一家三父子，都是大文豪"。三苏亭通过栈道与水韵广场相通，是湖中观景点，也是水韵广场上的标志性景观。

遗爱湖因湖岸曲折，湖汊较多，需要桥梁来沟通，所以，公园的桥梁非常多，大小不一，千姿百态，形态各异。其中，这座廊桥就很别致。遗爱湖的这座廊桥，采用单侧廊桥形式，从空间上分隔采莲池和湖面，一座廊桥同时承载两种截然不同的建筑风格，一半是富有古典特色简约优雅的宋式廊桥，一半是富有现代感的拱桥。这种形态的桥在中国还是非常少见的。在这座廊桥上，古典与现代完美结合，相得益彰，和谐相处，像长虹卧波一样，高端大气。

▶ 大洲竹影景区

过了廊桥，就来到了大洲竹影景区。大洲竹影的"大洲"是沿用了这里的原名大洲岛，"竹影"是因为这里有茂密的竹子，形成竹林，比较壮观。景区内布置有珍贵竹类专区、经济竹类专区、竹林幽径、竹文化馆等景观。

从文化角度上讲，大洲竹影与东坡文化关联较深。苏东坡当年刚到黄州，就对黄州有"长江绕郭知鱼美，好竹连山觉笋香"的好感，漫山遍野的竹子是他对黄州产生好感的重要原因。在他的文篇《记承天寺夜游》中，"庭下如积水空明，水中藻荇交横，盖竹柏影也"的佳句也是由竹子而产生的灵感。所以，就有了"大洲竹影"。

大洲竹影景区的造型，有两大突出特点。一是竹林茂密。在18.95万平方米的景区内，以竹文化为主题，种植了18个品种的竹子，有楠竹、毛竹、斑竹、罗汉竹、苦竹等本地竹，还有筇竹、金镶玉竹等珍稀品种，形成万竹园。该景区具有休闲与科普功能。在广种竹子的同时，按照乔、灌、草合理搭配的原则，配植樟树、枫树、柿树、板栗等树木，竹与树相得益彰。二是景区建设充分利用自然地理环境，因地制宜，顺应自然，高低有致，做到了和谐无间。

景区内有涵碧山廊、落金轩、问水矶、如意洲等景观建筑。落金轩前面种了较多的菊花，"落金"这个名字，是从冯梦龙《警世通言·王安石三难苏学士》的故事得来的。按照故事所叙，王安石曾写过一首咏菊诗，"西风昨夜过园林，吹落黄花满地金"。而苏东坡认为菊花不落瓣，后见到黄州的菊花落瓣，意识到自己的错误。涵碧山廊是根据"一水方涵碧，千林已变红"来命名的。游客在这里观景，移步换景，人在画中游，画在心中留。

苏东坡喜欢竹子，到了"宁可食无肉，不可居无竹"的地步。他在黄州所做有关竹子的文章，就有前面提到的这两个名句，确实让人百读不厌。另外，苏东坡还是一位新派画家，他的画作也以竹子居多。目前仅存的他的两幅画作真迹中，一幅是《枯木怪石图》，另一幅是《潇湘竹石图》，都与竹子有关。

苏东坡作为一代文豪，不仅给我们留下了诗画，还留下了成语，如岁寒三友、胸有成竹等。"岁寒三友"讲的是苏东坡在黄州时，在他居住的雪堂前种了松、竹、梅三棵树。有一天，他的好朋友徐太守来看他，觉得雪堂屋里屋外太冷清。然而苏东坡却乐观地说："风泉两部乐，岁寒三益友。"意思是有清风和泉水这两部优美的乐曲，有松、竹、梅三位知己好友陪伴自己，足以度过寒冷的冬天。

文学史上讲黄州竹子的名句名篇，除苏东坡所做的外，还有王禹偁的散文名篇《黄州新建小竹楼记》。王禹偁是北宋著名文学家，曾任黄州刺史。任职期间，他在黄州修建了一座小竹楼，作为工作之余修身养性的场所。他对这个竹楼很满意，就写了《黄州新建小竹楼记》。这篇文章写得实在太好，不仅成为千古名篇，还使黄州竹楼随之扬名，成为北宋黄州四大名楼之一。现在大洲竹影景区的这座竹楼，是根据王禹偁文中的描述重建的。

黄冈博物馆

▶ 第一展厅

第一展厅展出的是旧石器时代到春秋战国时期的历史文物。

黄冈境内的文物点有5000余处，位居全省第一。以麻城后岗遗址为标志，黄州地域先民陆续进入了新石器时代。目前，在黄冈境内发现新石器遗址500余处。

1993年在黄梅县焦墩遗址发现卵石摆塑龙。它是由大大小小、颜色各异的鹅卵石摆塑而成，整条龙的形态是昂首、张嘴、尾部向上勾翘，在它的上方，有一组一字排列的卵石，与龙头的龙角相对应。考古专家认为，这可能是原始星座的象征。距今6000余年的摆塑龙是我国长江流域目前发现的时代最早、形体最大、形制成熟的龙形图案，被誉为"长江流域第一龙"。

黄州螺蛳山遗址展示专柜中的文物是20世纪50年代在黄州区堵城镇堵城村调查发现的。这座墓葬是从螺蛳山遗址中出土的一座较为完整的墓葬，墓主人是一位女性，年龄约36岁，身高约155厘米。她的脚部摆满随葬器物，其中一件有爪形刻画符号的是一级文物，它的旁边还有野猪骨架。野猪在当时是富贵的象征，所以专家推测墓主人在当时是有一定社会地位的。

新石器遗址专柜中有一件陶埙。埙，中国古人的独有发明，世界上只有中国原始先民们有这种乐器，它音色柔美，音质圆润。

黄冈境内出土的商周时代的青铜器都是饮酒器。

展厅内的青铜器模型，是蕲春毛家咀西周干栏式建筑复原模型。1958年夏，中国科学院考古研究所在蕲春毛家咀发掘了西周木构建筑，这是鄂东地区考古的重要发现。

玻璃板台下是黄州汪家冲18号墓的墓葬复原，它出土于黄州禹王城汪家冲村，年代是战国时期。透过脚下的玻璃板台可以很清晰地看到当时发掘出土的状况。这中间的棺、椁，是发掘出土的原件。棺椁的外框部分是椁，中间的是棺。椁室内，分为头箱、边箱、棺室三个部分，头箱和边箱放置有随葬品67件，中部的棺室是放置墓主人的地方。在周代，棺椁的结构与数量代表了墓主人的身份与等级。这座18号墓等级约为士一级。

馆藏有一批春秋战国时期的青铜器。其中，许公买铜簠是1976年在黄州城北约2千米的禹王城附近出土的一级文物。许是许国，公是爵位，买是人名，许公买铜簠就是许国国王买所制作的铜簠。造型为盖底形状相同，上下大小一致，相互扣结而成。盖底内有铭文8行35字，意思是许公买在一个吉祥的日子，选择了上等的铜料，制作了铜簠，来祈求上天庇佑子孙，降福万年。在使用时，将上下盖底揭开就是两件器物，可以盛物；用完后，将盖底扣合成一器，就成为装饰品，所以它是将实用功能和装饰艺术完美结合的艺术精品。

公元前506年，吴、楚两军在麻城的柏子山与举水之间爆发了大战，史称柏举之战，它是东周时期的第一次大战。此战吴国以少胜多，大败楚国。指挥这场战争的是吴国军事家孙武和伍子胥等。馆内有反映柏举之战的大型组雕，生动形象地重现了柏举之战的经典，演绎出金戈铁马的豪壮。

▶ 第二展厅

第二展厅主要讲述的是黄冈秦汉至南北朝时期的历史。

秦汉至南北朝时期，黄冈境内侯国交替、郡县更迭。战争、移民、融合是这一时期的主要特点。多元文化的融合，积淀形成了黄冈特有的历史文化。

对面墩汉代墓位于黄冈市黄州区中环路，是一座东汉中型砖室墓葬。这座墓葬结构独特，保存完好，在湖北仅此1例，墓室的攒尖顶结构比欧洲同类风格的建筑结构要早500多年。现在该墓葬已经依照湖北省委原书记、中央政治局原常委俞正声同志的批示，就地保护起来。

展柜中展出的是黄冈出土的汉代至六朝墓葬中的一组青铜器，再现了黄冈先民的创造力。

三翼龙座九连青铜灯是20世纪70年代在黄冈禹王城外出土的，是一级文物，也是黄冈博物馆镇馆之宝。青铜灯通高59厘米、宽56厘米，由底座、主干、分支灯体三大部分组成。底座是由三只首尾相连的龙盘踞而成；整个灯体共有12个动物与12个雕塑体，组成了灯的艺术主体造型；主干如同一棵神树，由直立的主干和九个弯曲的分枝组成；分枝上都装饰有花朵和9盏可以拿起来活动使用的行灯。青铜灯构思精巧，造型华贵。它的使用者是汉代世族门阀家族的大地主。

古人云："以铜为镜，可以正衣冠；以古为镜，可以知兴替；以人为镜，可以明得失。"这组展柜展示的就是馆藏的铜镜，基本反映了两汉时期铜镜的种类与特征。

展柜内还陈列有黄冈境内各地汉代墓葬中出土的陶瓷器，其中有汉代日用生活品，有反映黄冈汉代葬俗的陶瓷器，还有外来文化与本地文化交流与融合的实物标本。

汉魏至六朝时期，黄冈境内战争连绵，社会动荡，外来移民形成了"五水蛮"。战争的风雨、移民的沧桑，演绎出了对峙与融合的历史。

魏晋南北朝时期，中原地区战乱频繁。展柜中展示的是黄冈各地出土的汉、魏、六朝时期的兵器和车马器。

玻璃板台下的沙盘，表现的是黄冈五水蛮形成的历史。五水，指黄冈境内倒水、举水、巴水、浠水、蕲水；蛮，秦汉至魏晋南北朝时期对南方少数民族的泛称，有粗野、凶蛮的意思。

汉魏南北朝时期，是黄冈历史上的第一次大移民时期。东汉建武二十三年（47年），鄂西"南郡蛮"起义失败，8000余巴人被朝廷迁到黄冈境内的倒水、举水、巴水、浠水、蕲水五水流域安置，形成了最早的五水蛮；东汉永元十四年（102年），朝廷又将参与叛乱的川东"巫蛮"巴人迁徙到黄冈的五水流域；魏晋南北朝时期，中原相继爆发"八王之乱"，出现"五胡乱华"等局面，中原地区的豫州等县民众为躲避战乱，纷纷迁至黄冈各地定居。

五水蛮与北方移民带来了外来文化，促进了黄冈早期开发，推动了民族融合，对黄冈的经济、文化产生了深刻影响。

▶ 第三展厅

第三展厅从四个方面展示黄冈隋唐至明清时期绚丽多姿的文化。

黄冈人尊师重教，文风昌盛，北宋时期即开办书院，到清代光绪年间书院曾达75所之多，这在全省范围是非常少见的。河东书院为南宋宝祐年间始建，是现在闻名全国的黄冈中学的前身。

在1300余年的科举考试中，黄冈累计走出进士944名（包括状元5名、探花4名），举人3895名。

黄冈是一片神奇的土地，不仅是教育之乡，也是名人之都。据专家统计，从古至今，黄冈先后出现各类名人1600余人；北京中华世纪坛收录了40位中国历史文化名人，其中就有黄冈的李四光、李时珍和毕昇3人；中国禅宗的发源地——黄梅，走出了四祖道信、五祖弘忍等。大文豪苏轼，四川眉山人，在文学艺术方面堪称全才，元丰三年（1080年）因"乌台诗案"被贬黄州。苏轼在黄州的4年多时间是其文学创作的辉煌时期，文学上的代表作"二赋一词"、书法上的代表作《寒食诗帖》都作于黄州，在此他共留下诗作700多篇。中国古代四大发明之一——活字印刷术，其发明者毕昇，黄冈英山人，他的发明开创了印刷术的新纪元。医圣李时珍历经27年完成的《本草纲目》一书，被世界医药学界誉为"东方药学巨典"。

展柜内所展示的金、玉、瓷器反映了当时黄冈的工艺美术水平。

嘉靖官窑黄釉罐是黄冈博物馆的镇馆之宝、一级文物，由器盖和器身两部分组成。器盖上有颗椭圆形钮，器盖呈高隆顶、弧形的宽沿状，很像明代将军的头盔，因此有"将军罐"之称，器底釉下刻有正楷"大明嘉靖年制"六字。黄釉罐通身黄釉温润，装饰线条细腻流畅，是明代晚期官窑瓷器的代表作，是一件难得的稀世珍品！

馆藏的明清时期玉器有很多是难得的艺术精品，选料上乘，做工精美，具有极高的经济和艺术价值。

葫芦形活心"大贵"铭文玉佩，做工可谓是匠心独运，"大贵"二字是可以转动的。葫芦音似福禄，嘴短身子肥，佩戴于身前有化解不同煞气的寓意，是辟邪护身的玉佩饰品。白玉花鸟浮雕牌饰，刻画了一只喜鹊站在梅花枝干上，寓意喜上眉梢。

霁蓝釉螭龙罐是雍正时期官窑瓷器。清雍官窑瓷器制作非常精美，加之雍正帝在位时间短，所以存世的清雍官窑瓷器真品难得一见，也是收藏界热烈追捧的对象。

▶ 第四展厅

第四展厅是近代史的第一个展厅——"沉浮百年"。第四展厅从经济、教育、名人、戏曲四个方面展示了黄冈1840—1949年的百年历史。这百年间，黄冈跨越了晚清和民国两个时期。

展柜中，首先是清代咸丰年间的"黄州府印"，它的印纹分左、右两侧，左侧阳刻"黄州府印"四字，右侧阳刻满文。

民国时期全国著名的商业组织——黄州商帮。黄州商帮的商业经济活动始于清代中后期，在民国时期达到鼎盛。黄州、麻城在汉口的商人为了同乡联谊互助，首先在汉口设立"帝主宫"。此后，黄州八县商人纷纷加入，形成规模较大的商业经济势力，遂有"黄州帮"之称。这是黄州帮商人的照片，其中红安的程栋臣，在当时是湖北第一、全国第七的巨商。这一展柜是当时的一组流通券，里面的是当时的土布，映入眼帘的是黄州帮商人在各地经商时自建的会馆建筑物照片。黄州帮主要经营棉花棉布，同时黄州属县的纺织业也相当兴盛。

除了商贸经济，黄冈更是崇文重教。清末至民国时期，鄂东教育转型，培养了大量的鄂东学子。清末，留学之风大兴，黄梅的石美玉是中国第一位女留学生。1905年是中国教育的分水岭，废科举兴学堂，在1905年之前是科举教育，1905年后是新式学堂教育。天空展墙上是黄州府中学堂旧址照，它成立于1904年，是最早的中学堂之一，由南宋宝祐年间始建的河东书院演变而来，也是著名的黄冈中学的前身。

黄冈人民崇尚教育，重视教育，因此近百年间，鄂东地区政治、经济、军事、科技、文学等多方面英才辈出，故有"惟楚有才，鄂东为最"之誉。

著名地质学家、地质力学创始人李四光，是团风县人。他打开中国石油宝藏的大门，摘掉中国"贫油"的帽子，发现了中国第四纪冰川，被周恩来称为科学界的一面旗帜。

闻一多是浠水人，有诗集《红烛》和《死水》，开创了新诗格律体流派。他致力于古典文学的研究，在中国现代学术思想史上占有一席之地，大家耳熟能详的《七子之歌》便是由他创作。《七子之歌》表达了闻一多对祖国的热爱之情，同时他还是一位伟大的民主斗士。

彭桓武，黄冈麻城人，物理学家。从20世纪50年代中期开始，彭桓武领导和参加了中国原子能物理和原子弹、氢弹以及战略核武器的理论研究和设计。1999年获得"两弹一星"功勋奖章，其事迹在中国人民革命军事博物馆中有展示。

黄梅戏、楚剧、汉剧、京剧四大戏曲都有一个共同的根——黄冈。它们都起源于黄冈，并走出黄冈，成为中国当代著名戏剧种类。

黄梅戏是中国五大戏曲剧种之一，由黄梅采茶戏发展而来。清代中期黄梅多水灾，灾民在逃荒时，将黄梅采茶戏传播到了鄂皖赣苏沿江城乡，并逐渐演化为黄梅戏。20世纪80年代湖北省委、省政府提出把"黄梅戏请回娘家"，于1989年成立了湖北省黄梅戏剧院，出现了张辉等黄梅戏名家，创作并上演了《李四光》《东坡》等大型剧目。

京剧历史上的传奇——余氏世家。京剧鼻祖余三胜，黄冈罗田县天堂寨人，京剧创始人之一，著名京剧老生演员。余三胜之子余紫云是清末著名旦角演员，余三胜之孙余叔岩是清末民国京剧繁盛时期著名老生演员，是"余派"老生的创始人。直到现在，学老生者，无不从余派的唱腔学起。

▶ 第五展厅

大别山雄踞鄂豫皖三省交界处，是党领导中国革命的红色巨山。这里曾是我们党的重要建党基地、中国革命的重要策源地、人民军队的重要发源地、夺取全国解放战争胜利的重要转折地。

一幅大型浮雕以大别山为背景，刻画了黄冈历经党的创建、大革命、土地革命、抗日战争和解放战争，大别山28年红旗不倒的场景。浮雕中央的三面军旗，代表了从黄冈走出的三支主力红军——红四方面军、红二十五军和红二十八军。

这两尊铜雕像分别是董必武、陈潭秋两位革命领袖。

十月革命一声炮响，给中国送来了马克思主义。黄冈人民开始了推翻帝国主义、封建主义、官僚资本主义三座大山的伟大征程。

1919年5月4日，北京青年学生举行反帝反封建游行示威，提出"外争主权，内惩国贼"的口号，即震惊中外的五四运动。

在恽代英、林育南、陈潭秋等人的领导下，黄冈各县也纷纷举行反帝爱国集会。

1920年6—7月，董必武与陈潭秋商议，筹建武汉共产党早期组织。

1920年8月，武汉共产党早期组织在武昌由董必武与同乡张国恩开办的律师事务所成立，由董必武、陈潭秋、包惠僧等7人组成，包惠僧任书记。7人中，有5人都是黄冈籍。

武汉共产党早期组织是全国6个共产党早期组织之一。除了共产党小组，黄冈地区还有独立开展党活动的共存社。1921年7月，湖北利群书社20多人在黄冈回龙山浚新小学开会，宣布成立具有共产主义性质的共存社。

虽然共存社没有共产国际的背景，与中国共产党早期组织没有联系，但它的成立有力地证明了，即使没有共产国际与苏俄的帮助，中国迟早也要建立无产阶级政党。

共存社发起人是黄冈"林氏三兄弟"中的林育英、林育南。在共存社成立后不久，中国共产党成立的消息传来。经过商议，共存社停止活动，大部分共存社成员先后加入了中国共产党，并成为中国共产党的重要干部，也都为中国革命做出了贡献。林育英同志去世时，毛泽东同志亲自为他题写挽联——"忠心为国，虽死犹荣"。

1921年7月，中国共产党第一次全国代表大会在上海举行。13位参会代表当中，就有3位黄冈人，分别是董必武、陈潭秋、包惠僧。鄂东是中国共产党最早建立地方组织的地区之一，而董必武、陈潭秋就是最重要的播火者。

1920年3月，在陈潭秋等人的协助下，董必武创办了武汉中学，培育革命人才。这里也是培养湖北及大别山地区早期革命者的摇篮。而董必武制定的武汉中学校训"朴诚勇毅"，也传承延续为今天的红安精神。

董必武当时邀请了一批先进思想知识分子，如李大钊、李汉俊、恽代英等人来学校授课。

青砖灰瓦的建筑"陈策楼"，原是陈潭秋家陈氏家族祭祀祖先的地方，已有近500年的历史。1921年11月，陈潭秋回到家乡陈策楼，秘密发展党员。在这里，诞生了鄂东地区第一个党小组，升起了第一面党旗。这里，就是大别山28年红旗不倒的起点。

陈策楼党小组成立后，黄冈各地纷纷成立党小组和党支部，到1927年5月，黄冈有7大区党部，117个区分部，已登记党员2725人，未登记党员9009人。

1924—1927年的大革命时期，国共第一次合作，共同开展反对帝国主义、北洋军阀的斗争。在中国共产党的领导下，各地农民运动蓬勃兴起，迅猛发展。陆沉、陈荫林、邓雅声都是引领湖北农民运动的黄冈人。

陈潭秋的亲弟弟陈荫林从北京大学毕业后，回到武汉中学教授英语。在一年暑假，陈荫林带领一批学生到农村去工作，了解到农民水深火热的生活实况。他觉悟了，认为中国农民非革命不能翻身，于是加入共产党，投身到农民运动工作中，为革命牺牲时，还不到30岁。

而开展农民运动、让农民翻身当家做主的主要措施，是成立农民协会，把大家团结起来，再和豪绅地主做斗争。1924年10月，黄梅县蒋家咀秘密建立了农民研究会，这是鄂东及大别山地区建立的第一个农民革命组织。

次年3月，蒋家咀农民研究会改名为农民进德会，经发展后共有会员600多人。3月5日，进德会成立，在会场门口贴了一副对联——"毋忘三月五日，须要万众一心"。

在农民进德会的影响和带动下，到1927年6月，鄂东地区农民研究会会员达到76万余人，占全省农民研究会会员的三分之一。

鄂东各地农民运动的兴起对后来的革命斗争产生深远影响，这是因为农民组织不同程度地建立和掌握了武装，使大家认识到掌握革命武装的重要性。

毛泽东同志在八七会议提出"枪杆子里出政权"。1927年9月，中共湖北省委根据党的八七会议精神，决定在有武装斗争革命经验的黄安、麻城地区发动武装起义。

11月13日，震惊中外的黄麻起义爆发。14日凌晨，各路起义队伍3万余人先后抵达黄安城外。破城而入后，激战数小时，活捉反动县长贺守忠，全歼城内敌军，将革命红旗插上黄安城头。

11月18日，黄安县城外召开万人大会，宣布成立黄安县农民政府，这是大别山地区，也是土地革命时期湖北地区第一个工农民主政权。

黄麻起义后，当地一位书法家即兴挥毫写下"痛恨绿林兵，假称青天白日，黑暗沉沉埋赤子；光复黄安县，试看碧云紫气，苍生济济拥红军"对联，并贴在黄安县农民政府大门。正是在这副对联中，共产党领导的军队第一次被称为"红军"。

黄安县农民政府成立之后，参加起义的黄麻两县农民自卫军和徐海东率领的黄陂农民自卫军，改编为中国工农革命军鄂东军。这是大别山诞生的第一支人民军队，是大别山红军的源头。

中国工农革命军鄂东军总指挥潘忠汝在成立大会上说："我们不仅要打下一个黄安县，我们还要打遍大别山，打遍全中国，……任何势力也抵挡不住我们工人、农民武装起来的革命队伍。"

因为敌人的疯狂进攻和残酷镇压，鄂东军因寡不敌众，撤出县城，转战木兰山。在转战木兰山的72人中，中华人民共和国成立后仍健在的仅5人，其中包括上将陈再道和中将詹才芳。

黄麻起义的农民军，他们穿"农装"，拿"土货"，是地地道道的农民武装起来的队伍，拿着自制的大刀长矛，冲入了黄安县城。

1928年1月，中国工农革命军鄂东军改为工农革命军第七军，从木兰山开进柴山保。到1929年5月，鄂豫边界的割据地区从北面的柴山保，逐渐扩展到黄安、麻城、孝感等地，纵横百余里。鄂豫皖边界地区第一块红色区域——以七里坪为中心的鄂豫皖革命根据地初步形成。

1930年2月，七里坪镇改名为"列宁市"，成为鄂豫皖革命根据地前期的军政中心。同时，鄂豫皖边区的三支红军整编为红一军，军长许继慎。

1931年11月，红四方面军在七里坪创建，总指挥徐向前，下辖2个军4个师，共约3万人。

第三次反"围剿"胜利后，鄂豫皖革命根据地进入鼎盛时期，总面积4万平方千米，人口350余万，红军发展到4.5万人，地方武装20万人。至此，鄂豫皖革命根据地经历了从小到大、从弱到强的发展，成为这一时期仅次于中央苏区的全国第二大革命根据地。

▶ 第六展厅

1927年11月，在黄安县成立的工农革命军鄂东军，是由参加黄麻起义的农民自卫军改编的一支农民武装，是中国共产党在大别山创建的第一支人民军队，全军共300人。在这之后，还相继组建了工农革命军第六军、第七军，一共三支工农革命军。

随着革命根据地不断扩大，大别山地区还诞生了七支早期工农革命军和三支主力红军，第一次反"围剿"壮大了红一军、红十五军；第二次反"围剿"壮大了红四军；第三次反"围剿"壮大了红二十五军和红四方面军；第四次反"围剿"诞生了红二十七军、红二十八军。在一次又一次的反"围剿"斗争中，鄂东军队伍不断壮大，从第一次反"围剿"后的1.5万余人，发展到第三次反"围剿"后的4.5万余人。

从黄冈走出的这些军队，都是特别能打仗的军队，创造了以弱胜强、以少胜多的奇迹。

1931年4—5月，红四军歼敌约5000人，打破国民党第二次"围剿"。

8月，红四军南下作战1个月，连克英山、浠水、罗田、广济四座县城，歼灭国民党军7个团，俘虏敌人5000多人。而被邓小平称为"一代战将"的红安将军王近山，此时也在徐向前领导的红四方面军中当排长，年仅16岁。他也是电视剧《亮剑》中主角李云龙的原型。

1931年11月初，红四军和红二十五军在七里坪会师，整编为中国工农红军第四方面军，共3万人。它先后转战湖北、河南、安徽等9个省，歼敌30余万，是一、二、四3个方面军中歼敌最多的，创建了仅次于中央苏区的鄂豫皖、川陕两大革命根据地。

至此，历时7个月的鄂豫皖第三次反"围剿"取得了胜利。红四方面军部队发展到6个主力师，4个独立师，总兵力4.5万人。

1932年6月,蒋介石调集总兵力30万人,对鄂豫皖革命根据地进行第四次"围剿"。因兵力相差悬殊,第四次反"围剿"失败,红四方面军主力不得不撤出大别山地区,西征转移。

在第四次反"围剿"最危急时刻,红二十七军成立。一支4500人的红军部队,承担掩护2万多名群众和伤员的转移任务。

1932年11月,红二十五军在黄安重建,转战七省,歼灭敌军5万余人。

1933年5月,国民党对鄂豫皖革命根据地进行第五次"围剿",红二十五军在国民党数十倍于己的兵力"围剿"下,辗转游击。

1934年11月,红二十五军离开大别山,北上长征。湖北省委决定将分散在鄂豫皖各地的红军游击队集中起来,重新组建红二十八军。这支部队也是中国工农革命军主力北上长征后,唯一成建制地留在南方坚持斗争的红军部队。

从1935年初至1938年初,红二十八军以不足2000人的力量,转战鄂豫皖3省的45个县,与敌军展开大小战斗数百次,坚持大别山红旗不倒,总计歼敌5万余人。1937年,毛泽东在延安称赞红二十八军"与敌人斗争很有成绩,很了不起"。

1937年7月7日,全面抗战爆发,国共两党进行第二次合作,与全国人民一道,共赴国难,投入伟大的抗日战争。地处鄂东的黄冈,成为抗日战争时期重要战场。

1938年6月13日,日军侵占安庆,武汉会战拉开序幕。

小界岭战役从9月16日开始,一直打到10月下旬,整整打了35天,小界岭是整个武汉会战中唯一未被日军攻破的阵地,日军伤亡2万余人。

武汉会战历时4个多月,战场延及安徽、河南、江西、湖北和湖南等省,是抗战以来规模最大的一次战役。此次会战共毙伤敌军近4万人,中国由战略防御进入对中国较为有利的战略相持阶段。

1938年10月23日,黄州沦陷。第二天,鄂东抗日游击挺进队在黄冈杜皮张家山成立,这是中共领导的大别山敌后第一支抗日武装,队长张体学。半年时间,这支队伍从30余人发展到1300余人。

除了组建抗日武装,中共鄂东地方组织也发动群众,积极抗战。许多民间帮会组织激于民族大义,纷纷举起抗日大旗,自发开展抗日救亡活动。

其中影响较大的,就有黄冈人称"漆大爷"的漆先庭组织的"全华山"抗日汉留帮会。全华山帮会全盛时期,在黄冈及周边地区发展会众数以万计,发放入会凭证3万多张,为中共抗日武装提供了经济支援、兵源、装备补充等重要支撑。中华人民共和国成立后,漆先庭作为黄冈的老红军代表进京,受到毛主席亲切接见。

1941年4月初,根据中央军委的决定,豫鄂挺进纵队整编为新四军第五师,师长李先念。

除了驻守和游击战,新四军第五师还指导地方成立民众自卫队,印发传单广泛宣传,让民众配合斗争。在边区还建立了多座兵工厂,保障武器供给。

鄂东地区的敌后抗日游击斗争,也得到了各界人士的大力支持。为了促进经济发展,鄂豫边区成立了边区银行,并发行了货币。

经过艰苦抗战,到1945年夏,日本侵略者败局已定。1945年8月,新四军第五师对日本驻军发出通牒,要求日本侵略军停止抵抗,立即无条件投降。

抗日战争胜利后，1945年10月，国共双方签订协定，初步达成和平建国的共识。但国民党军对解放区的进攻并未停止，战略地位极为重要的中原解放区，成为国民党军首先攻击的目标。

1946年6月，国民党当局撕毁《汉口协定》，向解放区发起进攻，中原突围战役打响，拉开了全国解放战争的序幕。

在李先念、王树声率领的主力部队成功突围后，鄂东独二旅决定根据中共中央指示，停止转移，继续坚持游击斗争，将10倍于己的国民党军牵制在大别山。到1947年与刘邓大军会合，独二旅6000人，仅剩300余人。

1947年6月，刘邓大军千里跃进大别山，随着在鄂东的战略展开，人民解放战争从战略防御转入战略进攻。

高山铺战役是刘邓大军进入大别山后取得的第一个重大胜利。这场战役，我军采用伏击战，几小时之内就击毙击伤俘虏敌军12600多人，并击落敌机1架，解放军仅伤亡900余人。

三大战役后，到了渡江战役时期，黄冈的武穴到团风是渡江战役的第二战场，不久后，黄冈各地也纷纷解放。

1949年10月1日，毛主席在天安门城楼宣布中华人民共和国成立，开国大典上礼炮齐鸣28响，象征中国共产党领导人民奋斗28年。在这28年间，大别山火种不灭，红旗不倒，成为中国革命的缩影。

最后一个板块是先驱功臣和革命先烈。黄冈走出了2位国家主席、3位中共一大代表、6位国务院副总理以及100多位开国将帅，还有100万人参军参战，44万儿女为革命献出了生命。"把最后一粒米送去当军粮，把最后一个儿子送去上战场"是大别山区人民拥军护军的真实写照。

大别山的革命斗争虽已成为历史，但大别山精神永不过时，大别山精神仍然是新时代引领革命老区振兴崛起的重要精神动力。

▶ 第七展厅

第七展厅是故垒长风——黄冈古城展。

黄冈处南北之交，江淮之际，得天独厚的地理位置决定了黄冈自古就是兵家必争、筑城建镇的绝佳之地。本展厅分为四个单元。

第一单元——城垒初兴。

在3000年前的西周时期，黄冈境内就已出现了古城城堡，并且当时黄冈城郭建筑已达到较高水平，军事功能明显。早在夏商周时期，人们就用甲骨文、金文等形式，记录了关于城市、城堡等建筑方面的内容。黄冈境内目前发现的最早城堡，是麻城余家寨西周城堡。它位于麻城市北的余家寨遗址，是一座面积约1.5万平方米的土筑城堡，由夯土城墙及护城河组成，至今保存完整。

在2005年考古人员在麻城宋埠还发掘了一座金罗家西周城堡遗址，占地12万余平方米，其文化内涵与中原周文化无异。发掘者认为，这是西周王朝在鄂东地区的一处军事要塞，控制了这一要塞，就打开了西周人进入南方的通道。

先秦时期，人们筑墙的主要方式是夯土"版筑"。用木板围成空腔，以木骨为筋，再填以泥土，用夯棍夯实，从而形成夯土墙的过程，民间俗称"干打垒"。

进入春秋战国时期，黄冈境内出现了两座城池，一座是麻城的女王城，一座就是位于黄州的邾城。邾城又称禹王城，建于东周时期，筑有土筑城墙，平面呈长方形，南北长2.5千米，东西宽1.5千米。城墙四角筑有烽火台。禹王城内地势平坦，适宜居住与耕种，城垣高大，城濠宽阔，至今仍清晰可见。

东晋咸康五年（339年），后赵大将张貉度率兵攻打邾城，东晋守将毛宝率部血战不支，6000余人战死江边。从此，邾城成为废墟。明代开国元勋刘伯温曾经来到邾城，还写了一首有名的《邾城怀古》。邾城沦陷后，东晋王朝在黄州境内又兴建了一座战略重镇西阳城。唐代诗人元结也有诗咏西阳城。

第二单元——立州创城。

隋朝在黄冈建制沿革史上是一个重要的时期。隋开皇三年（583年），隋文帝设蕲州、黄州，今黄冈地域遂为蕲黄二州并治。

2011年6—7月，湖北省文化和旅游厅、省市区联合考古队对黄州宋城遗址进行了考古发掘调查工作。这次田野考古发现与研究的结果，证实了黄州宋城故址主要在今黄州青砖湖社区范围。

黄冈地域与黄州并治的蕲州，治所在今天的蕲春罗州城。经过科学的考古发掘，罗州城位于蕲春县城西北，城址平面呈不规则长方形，由内、外两重城垣组成，内城时代为战国至汉代，外城始建于隋唐时期，完善于宋代。

1221年，10万金兵进攻罗州城，知州李城之、通判秦钜浴血奋战，以身殉国。宋代攻城、守城的器械有抛石机、火炮等。

第三单元——广筑城垣。

1378年，蕲州归属黄州府，结束近千年两州并治局面。黄州府下辖一州七县，即"黄州八属"。自此，黄州府大修城墙。铭文显示，多数城砖为武昌府烧造，还有一部分是黄州府、蕲州、广济等地烧造的，铭文记录了当时各种职业人物的姓名，是十分珍贵的实物史料。

今天的黄州城，道路格局、部分建筑遗迹和名称还保留着清代末年的痕迹。汉川门、安国寺、古楼岗、八卦井，这些古迹和老地名，依然保留着老黄州人的珍贵记忆。

第四单元——拓城建镇。

进入近现代，由于古城的军事功能削弱，黄州城进入重新规划建设的历史时期。

1946年，朱怀冰任黄冈县县长，计划将黄冈县建成有10万人口的城市，黄冈首次进行了科学的规划设计。

李四光纪念馆

全国科普教育基地——李四光纪念馆。

李四光是一位伟大的爱国主义者，世界著名科学家。他在古生物、岩石学、地震地质、地热地质、石油地质等方面有很高的造诣，是一位具有广泛影响力的学者，也是一位蜚声海内外、知名度很高的社会活动家。周总理称赞李四光是"科学界的一面旗帜"。李四光先生的一生是热爱祖国、献身科学

的光辉历程。

1889年10月26日，李四光出生于湖北黄冈回龙山的一位教书先生家里，原名李仲揆。

年仅14岁的李四光由外祖父资助，到武昌投考湖广总督张之洞设立的高等小学堂，他以第一名的成绩被录取。

李四光离开黄州到武昌上学，在填写报名表时，误将年龄"十四"填入了姓名栏中。他舍不得再花钱买表，就将"十"字改成了"李"字，可是，用"李四"做名字不好听呀，正在为难时，他猛然抬头看见中堂上挂着一幅"光被四表"的匾额。灵机一动，在"李四"后面加了一个光字，从此以后，李四光之名就代替了李仲揆，开始了他"光被四表"的灿烂人生。

这一改名小事，却让这位天才少年的不同凡响展露出来，显示了他一生中的四种个性。节俭——为了省钱不惜更名；创新——小小年纪具有独创思维；慎重——没有在慌乱中乱写，而是认真思考合理改名；严格——他谨记自己的草率，在以后的科学事业中始终严谨规范。

李四光在日本留学期间，按清政府学部规定，中国留学生每月可领取官费资助33日元。扣除当月学费和食宿费后只能剩下8日元可用，生活比较清苦。他把生米放在暖壶中泡一夜，早上起来加点咸菜，这就是一顿早饭。他对吃喝毫无奢求，把心思全放在为报效祖国的学习上。

在抗战期间，李四光的地质研究工作随战事的发展不停地转移，南京、庐山、桂林、恩施、重庆等地都留下了他的足迹，夫人徐树彬也随之颠沛流离。他们夫妇的健康越来越糟，两人先后病倒。艰难的生活没有消磨他们的斗志，他们互相鼓励、互相照顾，积极探索战胜病魔的办法。除了配合药物治疗外，他们很乐观地发明了两种疗法：一是音乐疗法，丈夫为妻子拉小提琴，妻子为丈夫伴奏，音乐使人忘却了病痛；二是事业疗法，李四光认为钻研事业是一种较好的精神疗法，他拄着拐杖，带着罗盘外出散步，碰上值得测量或研究的地方，他就蹲在地上仔细观察，心思都集中在心爱的事业上，从而忽略了病痛。

李四光有着很深的国学基础，不光散文和古诗写得好，他的音乐造诣也相当深厚，尤其是小提琴。他在巴黎写的一首小提琴独奏曲《行路难》，是中国人创作的第一首小提琴曲。这首小提琴曲写于1920年，在近80年之后的北大校庆晚会上，第一次被公开演奏。

李四光少年反清，中年后抗日，终身与强权做斗争。他留过日，但从不亲日；他留过欧，但从不亲欧。1940年，蒋介石为了争取社会各界支持，宴请知识界名人，李四光借口生病拒绝参加。蒋介石多次以高官厚禄、金钱引诱，请李四光出任中央大学校长、驻英大使，并请他赴台湾等，都被李四光一一回绝。

当中华人民共和国成立时，百废待兴，祖国急需像李四光这样的专家回国参加建设。李四光明确表示，"中华人民共和国是我多年来日夜思盼的理想国家，中央人民政府是我竭诚拥抱的政府。"他冒着生命危险，强拒台湾地区的利诱拉拢，排除一切艰难险阻，毅然回国，参加新中国社会主义的建设。

一次，周恩来总理直率地对李四光说："李老，这么多年未曾见你向组织提出过入党申请，不知你对加入共产党有什么想法？"望着周恩来诚恳的目光，李四光感动了，禁不住将久蓄心底的愿望和为什么迟迟没有向党提出申请的原因和盘托出。他说："在旧社会，我缺乏觉悟，没有投身于革命队伍中，已深感惭愧；革命成功后虽然对国家建设出了一些力，但离一个共产党员的标准仍相差甚远；况且自己年龄大了，身体又不好，入了党不一定能起到一个共产党员的先锋作用。"

听了李四光的话，周恩来总理诚挚地说："不要爱面子嘛，爱面子可不是无产阶级知识分子的态度。现在搞社会主义建设，很需要知识分子为党工作。你可以考虑考虑，和地质部党组、科学院党组负责的同志谈谈自己的想法。"

这次谈话使李四光打消了顾虑。1958年，69岁的李四光在临近古稀之年加入了中国共产党。在为党和国家工作的岗位上，他勤政廉政，严格要求自己，坚定信念、为民服务、敢于担当、清正廉洁，体现了一位科学家的高尚品质和情操。

1966—1968年期间，河北邢台、河间等地先后发生地震，当时北京可能地震的流言甚嚣尘上，严重影响了社会安定。毛泽东、周恩来等国家领导人就地震事宜向李四光征询意见，李四光用他深厚的专业功底，实事求是地分析地震的发展变化，以共产党人敢于担当的革命精神，在当时做出了北京不会发生大地震的科学论断。在人心惶惶的时刻，李四光的科学论断起到了稳定人心的作用。

晚年的李四光仍保持勤俭节约的好习惯。他饮食非常清淡，衣服补丁摞补丁，只有参加正式会议才穿国务院配发的制服。他去世后，工作人员想留下几样遗物作纪念，找来找去，也没有发现一件像样的东西。

李四光常说："发现就是科学前沿。"在这种创新思想的驱动下，他不断寻找石油的踪迹，探索发现高品质铀矿床，用古生物蜓科鉴定法找富煤田，开发地热新能源等。哪怕再苦再累，哪怕是卧病在床，他也从没有停止过探索的脚步。

在抗日战争的艰难岁月里，李四光先后患上了冠状动脉性心脏病，并切除了左肾。1965年2月，又被确诊髂总动脉瘤。李四光知道自己时日不多，越发加快步伐，将全部身心投入到未了的工作当中。直到他逝世的前一天，他还恳切地对医生说："只要再给我半年的时间，地震预报的探索工作就会看到结果的。"他为祖国的科学事业贡献了全部力量。

1971年4月29日，李四光因动脉瘤破裂，抢救无效，于当日上午11时逝世，享年82岁。中共中央、全国人大常委会、国务院、全国政协和中国科学院在北京八宝山革命公墓举行了李四光同志告别仪式。郭沫若主持，周恩来总理致悼词。

斗转星移，一位名扬世界、功在华夏的科学家已离开我们50多年了。但是，李四光先生为中国之崛起、为华夏之富强在科学道路上孜孜以求、勇于探索的精神和伟大的爱国主义情操，以及清正廉洁的优秀作风，将永远激励我们不断开拓进取，为构建和谐社会做出新的贡献！

陈潭秋故居

▶ 少年好学，立志救国

黄冈是一块红色的土地，历史上人才辈出，英雄迭起，立志热爱祖国、振兴中华的先哲前贤层出不穷。中共一大代表、党的创始人之一陈潭秋烈士就是其中卓越的一位。

陈潭秋1896年出生在黄冈市陈策楼镇陈策楼村。陈策楼村是一座山水秀美的沿江水乡村落，全村七八十户人家，皆为陈姓村民，村中的陈策楼始建于明代，距今已有约500年历史，是陈姓村民祀奉先祖的地方，它与东侧的陈潭秋故居一起，是湖北省重点文物保护单位。陈潭秋故居为园林式建筑，占地面积0.02余平方千米，主体建筑为典型的鄂东院落式民居风格。室外绿荫遍地，碧水清波，陈潭秋的童年就是在这里度过的。

▶ 革命先驱，激流勇进

1920年春，董必武创办武汉中学，聘请陈潭秋任中学教员兼班主任，他们以学校为活动据点，为党培养了大批优秀青年干部。

1920年8月，董必武、陈潭秋等在武昌抚院街召开秘密会议，建立了武汉共产党早期组织。

1920年秋，陈潭秋与恽代英、林育南、张浩、肖云鹄、陈学渭、胡亮寅等在回龙山八斗湾建立马克思主义研究小组，并成立"共存社"，"共存社"是五四时期进步革命团体之一。

1921年7月，中国共产党第一次全国代表大会在上海召开，陈潭秋和董必武代表武汉共产党早期组织出席了大会，从此中国革命进入了一个崭新的阶段。

1921年7月，中共一大后，陈潭秋和董必武回到武汉，成立中共武汉区委会。陈潭秋负责组织工作，还经常深入工厂、学校，积极发展党组织，使这一时期武汉地区的工人运动、学生运动得以迅速发展。

在这期间，他还同刘子通等人创办了《武汉星期评论》，宣传革命理论知识。陈潭秋发表在《武汉星期评论》上的《五一略史》等在人民群众中产生了重大影响。

1922年秋，陈潭秋组织和领导了湖北女师的反对解聘进步教师刘子通，要求驱逐反动校长的学潮。这次学潮通过夏之栩、徐全直等湖北女师学生骨干的坚决斗争，终于驱逐了反动校长王式玉，沉重打击了封建反动势力，成为武汉地区学潮的先声。

1922年，陈潭秋在武昌高师附小任教，在师生中建立党组织，发展壮大革命力量，高师附小遂成为当时湖北革命运动的一个指挥中心。

1923年，陈潭秋参与和领导了震惊中外的京汉铁路大罢工。当罢工工人遭到反动军阀的镇压后，他亲自率领武汉各界2000多人的慰问队伍到江岸总工会，同罢工工人一起召开了万人群众大会，举行游行示威，打击反动派的猖狂气焰。当著名工人领袖林祥谦、施洋被捕后，他四处奔走，组织营救。京汉铁路同盟总罢工的第二天深夜，陈潭秋请人连夜送信到武昌徐家棚车站，通知那里的共产党员组织京汉铁路武昌车站的工人和各工会团体的代表去声援罢工工人。

罢工失败后，陈潭秋遭到军阀政府的通缉。他奉党的指示到安源继续进行工人运动工作，担任安源地委委员兼路矿工人俱乐部教育股副股长。

1923年6月，陈潭秋出席了在广州召开的中国共产党第三次代表大会，并在会上做了京汉铁路大罢工经验教训的报告。

三大以后，陈潭秋回到安源时写了一首寓意深刻的新诗《我来了》。诗中充分表现了他对劳动人民的深切同情与爱护，预示着工农群众在三大路线指引下，将掀起革命风暴。

1924年，陈潭秋在安源庆祝五一劳动节时创作《五一纪念歌》，这首歌体现了工人阶级的伟大力量和博大胸怀，极大地鼓舞了工人阶级的斗志。

1924年8月，陈潭秋奉党的指示，从安源回到武汉。9月，中共湖北省委第一次代表大会召开，陈潭秋、董必武、聂鸿钧、吴德峰等20余人出席了会议，成立了武汉地方委员会，陈潭秋被选为书记。

1924年12月，陈潭秋在《中国青年》上发表的《国民党分析》一文，深刻地分析了当时的形势。

1925年5月，上海发生五卅惨案的消息传到武汉后，陈潭秋立即组织武汉的工人、学生和市民举行声势浩大的示威游行，声援上海人民的反帝爱国斗争。

陈潭秋在武汉开展革命斗争中，十分关心湖北妇女运动。一方面十分注重培养妇女干部，另一方面成立湖北妇女协会，将原由夏之栩、徐全直等主持的《武汉妇女》改为《湖北妇女》，极大地推动了湖北妇女运动的各项工作进展。陈潭秋和徐全直在长期的共同革命斗争中建立了深厚的革命友谊，1925年结为革命伴侣。

陈潭秋在领导湖北革命斗争中，十分关心家乡人民的革命活动。在他的支持和关怀下，陈策楼成了黄冈革命发源地，他的家成了革命机关。他的兄弟8人中有6人先后参加了革命，八弟陈荫林是湖北农协委员长。黄冈县农协就是在陈潭秋的家里成立的，当年黄冈县农协会员有20多万人，居全省之首。1927年春，陈策楼遭到了国民党反动派的烧杀，陈潭秋的家被烧成了一片废墟，他家仅存一块石头门柱。大革命时期，全村28人为革命献出了宝贵的生命。

1926年9月，北伐军兵临武昌城下，反动军阀陈加漠、刘玉春闭城顽抗。陈潭秋带领党员、团员坚持在武昌城做内应，配合北伐军攻克武昌城。北伐军占领武昌后，陈潭秋在阅马场主持召开了悼念北伐阵亡将士大会，并代表湖北省委讲话，当时的汉口《民国日报》对此进行了详细的报道。

1927年4月27日，中国共产党第五次全国代表大会在武昌高师附小举行，陈潭秋出席会议，并被选为候补中央委员。

就在这一时期，国民党叛变了革命。在党的事业处于低潮的情况下，革命也处于危急的关头，陈潭秋组织武汉地区的骨干分子召开了会议，布置革命力量转移，为了不使黄冈革命力量受到损失，他同陈荫林秘密回到黄冈，在团风大庙召开了县委紧急会议，对黄冈党组织应付事变做了具体的安排。在敌强我弱的形势下，反动派诬蔑黄冈县农协铲烟苗，陈荫林代表湖北农协来黄冈调查，证明没有此事，狠狠打击了反动派的气焰。对于这次事件的处理，当时的汉口《民国日报》进行了详细的报道。

从1920年武汉共产党早期组织的成立，到1927年大革命失败为止，在局势极其复杂的情况下，陈潭秋坚持中共武汉地委和湖北省的工作。在他和董必武、罗亦农等同志的领导下，党员人数由最初的6人发展到14000多人，后来成为党和国家重要领导的有伍修权（外交部副部长、副总参谋长）、魏文伯（司法部部长、上海市委副书记）、郭述申（中纪委副书记）等。

▶ 转战南北，不折不挠

大革命失败后，陈潭秋离开武汉到江西。1928年6月，陈潭秋离开江西调任党中央组织部秘书，月底，他以中央特派员的身份和刘少奇同志到河北巡视，解决顺直省委"左"倾盲动冒险主义和极端民主化等问题。1928年12月下旬，陈潭秋与刘少奇同志、周恩来同志一起主持召开顺直省委扩大会议，会议通过陈潭秋起草的《顺直省委的政治任务决议书案》等5个文件，确定了顺直共产党今后的斗争方向。

1929年，陈潭秋离开天津，巡视山东青岛。年底，陈潭秋返回上海。1930年5月31日，他在《红旗》上发表文章，强调"必须抓住夏荒之机，加紧组织力量，深入开展土地革命，掀起更大的革命风暴"。

1930年9月，陈潭秋在党的六届三中全会上，增选为候补中央委员。10月调任满洲省委书记，年底，在哈尔滨指导工作时不幸被捕，在狱中受尽严刑拷打。九一八事变后，经保释出狱，任江苏省委秘书长。在此期间，举办工人培训班，领导闸北丝厂大罢工。

1933年夏，陈潭秋奉命转赴中央苏区，接任福建省委书记，徐全直继续留在上海做地下工作。

徐全直是陈潭秋的夫人，湖北沔阳人，1902年生，1924年入党，是中国妇女运动的先驱。大革命时期从事湖北妇女工作，大革命失败后，随陈潭秋先后赴江西、东北、上海等地工作。1933年陈潭秋赴苏区，她留在上海坚持地下工作。6月27日在上海被捕，在狱中受尽酷刑，坚贞不屈，翌年2月就义于南京雨花台，临刑高呼"共产党万岁！"牺牲时年仅32岁。党组织通过地下交通站把这个消息带到了中央苏区，传达给了陈潭秋同志。他悲痛万分，追思与自己共同战斗了10余年的战友和亲人，誓为人类解放事业贡献自己的一切。

陈潭秋与徐全直在上海工作时，为了革命工作，无法照顾和抚养自己的孩子，只有写信给家乡的三哥陈春林和六哥陈伟如，让他们帮忙抚育孩子。

陈潭秋在福建工作时，正值中央红军第五次反"围剿"，党在中央苏区召开了中华苏维埃中央临时政府成立大会，陈潭秋当选为中央粮食人民委员。为了支援前线，陈潭秋着手粮食的征集工作。陈潭秋号召每人节省三升米，捐助红军。为了保障红军的给养和根据地人民的生活，打破敌人对苏区的经济封锁，陈潭秋想方设法组织粮食突击队，克服重重困难，终于圆满地完成了24万担粮食的筹集任务，在《红色中华》上写文章并发行红军临时借谷证，有力地支援了中央红军第五次反"围剿"。

1935年，中央红军长征后，陈潭秋留守闽西南，坚持革命游击斗争，在一次战斗中不幸负伤，失去了右耳，后又秘密辗转到上海。

1935年7月，奉中央命令，陈潭秋与陈云等乘船离沪赴苏联莫斯科，在共产国际学校和东方大学任教，并任中共驻共产国际代表团成员。

▶ 为党为民，血洒边疆

1939年，陈潭秋从苏联回国，任中共中央驻新疆代表和八路军驻新疆办事处负责人。当时新疆的统治者盛世才打着反帝、亲苏、民平、清廉、和平、建设的六大政策，欺骗内地一批爱国人士赴新疆工作，同时中国共产党也派了一批干部支援新疆。当时新疆的政治环境十分复杂，盛世才残酷统治新疆各族人民。在极端困难的情况下，陈潭秋坚持党的原则，有理、有利、有节地同盛世才等作斗争。他团结人民帮助人民开展建设，改革货币，发展经济和文化教育事业，并组织物资运送到延安，支援了抗日前线。

陈潭秋非常注意培养年轻干部，他将红军西征失败后突围回到新疆的300余名战士组成新兵营，为我党培养了一大批优秀干部和军事人才。

1940年国际形势发生重大变化，新疆形势开始逆转，政治危机日益严重。盛世才不断逮捕进步人士，排挤和诬陷我党干部，有着高度政治敏感和责任心的陈潭秋同志立即向中央报告。同年12月，根据党中央指示，陈潭秋安排新兵营战士乘坐35辆汽车冲破重重险阻返回到延安，同时组织10吨白纸随军到达，有力地支援了延安的报刊发行工作。面对险恶的时局，陈潭秋坚守工作岗位，多次在《反帝战线》和《新疆日报》上发表文章，揭露敌人的阴谋，号召人民提高警惕，教育大家"富贵不能淫，威武不能屈"。1942年春，盛世才公开叛变，逮捕了我党在新疆的领导人陈潭秋、毛泽民、林基路等同志，并软禁了王韵雪及其他同志的子女。

1943年2月7日夜，陈潭秋被盛世才正式投入迪化第二监狱。5月6日，陈潭秋受尽了惨无人道的"坐飞机""站风""坐坦克"等酷刑，坚贞不屈。盛世才软硬兼施，诱逼陈潭秋在"脱党声明"上签字，陈潭秋怒发冲冠，严词拒绝。盛世才恼羞成怒，将陈潭秋、毛泽民、林基路等同志判以死刑。1943年9月27日深夜，陈潭秋、毛泽民、林基路等被盛世才秘密杀害，陈潭秋时年47岁。

1945年，中国共产党第七次全国代表大会在延安召开，陈潭秋烈士在牺牲1年零9个月后当选为中央委员。

伟大的无产阶级革命家、党的创始人之一陈潭秋烈士的一生，是光辉而伟大的一生。他对党的事业忠心耿耿，对人民无限忠诚，在敌人面前，他大义凛然，威武不屈，表现了一个共产党员的无私无畏和高尚的革命品质。

中华人民共和国成立后，党和国家领导人及与他一起共事的战友，对他的一生都给予了高度评价。我们应学习他崇高的思想和革命品质及革命精神，永远怀念他。陈潭秋烈士永垂不朽！

陈潭秋，用人类最伟大的精神，最无私的信念，最崇高的情怀，为我们铸造了一座不朽的丰碑！

宝塔公园

青云塔又名宝塔，始建于公元1574年，距今400多年，塔名取"青云直上"之意。青云塔结构别致，塔身由青灰色块石砌成，七层八面，层层出檐，塔高38.9米。塔内有盘旋石阶138级，每层有生死门，塔顶有一棵200多年树龄的大叶朴树。该树遇风不倒、遇雨不朽、遇旱不枯，四季常青，且树冠自然长成心形，更为青云塔添几分神秘色彩。

安国寺又名护国寺，与"全楚文峰"青云塔毗邻，是鄂东名胜和省级重点开放寺庙。该寺始建于唐代显庆三年（658年），嘉祐八年（1063年），宋仁宗御赐"安国"寺石，并赐玉印一方，其上篆字"敕赐唐代祖庭安国祥林之宝"，至今仍藏于寺内，为镇寺之宝。自此，安国寺声名远播，成为江淮乃至全国名刹。该寺历史上规模宏大，有禅堂街、睢阳院、春草亭、竹啸轩、遗爱亭等建筑。

寺内茂林修竹，陂池亭榭，环境优美，相传曾有"骑马关山门，敲锣开斋饭""中秋万人会中庭"的盛况。

安国寺头山门是一古式三梁砖石楼牌，上嵌书有"敕赐安国禅林"六个一尺见方大字的巨幅匾额，大门两旁各立石狮镇守。进门有约10米深的小院落，穿过院坪则为天王殿，天王殿后有500余平方米的长方形花园，中有路直通大雄宝殿。大雄宝殿后面不远即为后殿，后殿是千手观音殿。最后是大竹园，外围有墙。有东西厢房20余间，分别在三大殿两侧。

这里有传奇的色彩和深厚的文化底蕴。北宋天圣年间，后官居宰相的韩琦前来黄州投奔时任黄州刺史的韩琚。韩琦在安国寺西厢房"白昼青灯，风雨无怠"地奋发读书，终于考中进士，成为一代名臣，并留下了"韩琦夜读书"故事。宋仁宗为彰示安国寺，钦赐玉印一方，被誉为镇寺之宝。苏东坡贬居黄州时，常来安国寺。除与时任方丈的玉川和尚经常在一起参禅打坐外，还互相切磋棋艺，吟诗作赋，先后写下了《黄州安国寺记》《安国寺浴》《安国寺寻春》等著名诗篇。

人文胜地 魅力团风

滚滚长江水，巍巍大别山。山水环抱间，鄂东门户团风正肆意散发着它的独特魅力。

朝阳东升，霞光透过云曦，唤醒了这838平方千米红色热土。

团风地处大别山南麓，长江北岸，京九铁路横穿全境，黄金水道纵贯其间。团风区位独特，交通便利，有"小汉口"之美誉，名不虚传。

感悟一方天地，山水灵秀、风光旖旎的团风带你领略未经雕琢的生态奇观。

崎山斗云峰，巴水舞白练。闲庭信步间，山水绿意一览无遗。得天独厚的禀赋绘就团风瑰丽的自然画卷。

大崎山层峦叠翠，气候宜人。左观白云，右临龙王，是离武汉最近、海拔最高的避暑生态氧吧。"龙王顶"的古泉、"海沙芦苇"的奇异、"仙人石"的卓尔不凡，让人目不暇接。

牛车河千岛百姿，碧盘珠翠，风韵独特。大崎山、接天山、龙王山、竹林湾、桃花湾、月亮湾，国家矿山公园、黄冈革命纪念馆，一路尽揽"三山一湖十八湾，六十六汊七十二景"，移形换位之间，山水风光迥异。"一字水"生态文化小镇，依山傍水、浑然天成，集度假旅游、人文康养、研学旅行于一体，将旅游、文化、生态完美结合。

田园童话世界，是精神的田园，丰收的乐园。百花争艳，硕果累累，正是亲子体验、阖家旅游的首选目的地。

黎明迎朝霞，日落观云曦。春踏青，夏避暑，秋采果，冬赏雪，团风处处皆胜意。

清风徐来，薄雾绕肩，鸟语花香的罗霍洲留下了自然的馈赠。林海摇曳，江风缥缈，流淌千年的巴河水荡漾着历史烟云。

沿着灿若星辰的历史足迹，梦回峥嵘岁月。团风，这片孕育众多革命先烈的红色热土，桃李不言，下自成蹊。

红檐绿瓦的烈士陵园，庄严宏伟，应和着绿荫如盖、四季常青的松涛，诉说着革命先辈抛头颅、洒热血的英勇事迹。

回龙山镇八斗湾，背依白羊山。山中云雾百变，烟波浩渺若云霓雾海；满山遍野的苍松，伴随着清风，吟诵着敢为天下先的建党故事。

渡江战役纪念碑，帆影鼓动、红旗招展，激荡着百万雄师过大江的风雨壮歌。大江侧畔，松柏常青，庄重典雅，完美再现渡江战役波澜壮阔的历史长卷。

1400年的沧桑巨变，团风勾勒辉煌，描摹底蕴，文化印记熠熠生辉。孔子问津，曹操赋诗；千年风流，世纪豪迈。

近现代更是人才辈出。党的一大代表包惠僧，革命家林育南、林育英，科学家李四光，哲学家熊十力，思想家殷海光，军事家林彪，文学家秦兆阳，经济学家王亚南，书法家张荆野。群星璀璨，无愧人杰地灵之美誉。

如今的团风，应着激越高昂的时代号角，迈出了铿锵有力的发展步伐。先后被授予全国全民创业百佳示范县、中国最佳投资价值（环境）县等荣誉称号，万千宠爱齐聚这座滨江新城。

团风，这片驻留在大别山南麓的兴业热土，将历史沉淀，朝着振兴的目标逐步跨越。团风，这座守候在长江水岸上的商业重埠，随岁月成长，向着璀璨的明天大步前进。

黄冈革命烈士陵园

黄冈县始建于隋开皇十八年（598年），明代洪武初年全县10个乡，88个里，版图面积3462平方千米，是湖北省第三大县。经历了5次划分之后，1996年黄冈地区"撤地建市"，在北部838平方千米的中腹地带建立团风县。中国共产党诞生之后，共产党在原黄冈县领导人民进行的革命活动和斗争，几乎都发生在团风县境内。

为纪念这片红色热土，传承黄冈人民在革命斗争中彰显的不怕牺牲精神，告慰革命英灵，于1974年在距离团风县城38千米的杜皮乡修建了黄冈革命烈士陵园。

黄冈革命烈士陵园占地33.9万平方米，陵园内有红军招待所旧址、黄冈革命纪念碑、黄冈革命纪念馆、鄂东抗日独立游击五大队纪念馆、黄冈名人园、黄冈英烈园以及东西两侧墓区等纪念设施。

英雄土地是对这片热土最好的诠释，"惟楚有才，鄂东为最"。在纪念馆的大厅有一组享誉中外的杰出代表人员照片：董必武、陈潭秋、包惠僧，三位党的一大代表；李四光，回龙山人，著名地质学家,创立地质力学,打破中国"贫油论",被誉为"中国冰川之父",历任中科院副院长、地质部部长等职;熊十力,上巴河人,著名的哲学家,新儒家学派的创始人,1905年加入反清革命团体,参加同盟会,武昌首义后任湖北都督府参谋,著有大量佛学名著,被誉为"中国当代哲学之杰出代表人物";王亚南,团风镇王家坊人,著名的经济学家、教育家、翻译家,出版多部经济学专著,与郭大力一起首次翻译了《资本论》;教育家马哲民;著名书法家张荆野,1912年任南京临时总统府秘书,1922年病逝,孙中山亲笔为他题写挽联"革命尚未成,国步艰难,谁与孙策;同袍还剩几?楚天噩耗,又坠张星";秦兆阳,回龙山人,当代著名作家、评论家,中国作家协会书记处书记;殷海光,上巴河人,13岁去武汉求学,著名的逻辑学家、哲学家、思想家,20世纪五六十年代台湾最负盛名的政治家,曾任台湾大学教授,主要著作有《光明前之黑暗》等;还有军事家林彪,农民运动领袖漆先庭等。

1938年10月,就在黄冈沦陷的当天,在中共鄂东特委副书记方毅的直接领导下,中共黄冈县委组建的第一支人民抗日武装——鄂东抗日游击挺进队在杜皮乡张家山成立,成立时仅30多人、20多条枪。他们是黄冈杜皮乡贾庙山区红军时期坚持下来的农民党员、黄冈中心县委组织进山的青年学生党员和部分青年农民积极分子。10月24日,队伍正式打出"鄂东抗日游击挺进队"的旗号,公开号召党员、农民骨干和青年学生参军。随着挺进队的逐渐壮大,程汝怀蓄意制造摩擦,总想"吃掉"鄂东特委组织成立的挺进队,还在组建中的鄂豫皖区党委认为应该给挺进队一个合法的地位,才能解决防守给养等问题。经商议,最终达成协议:保证中共对部队的绝对领导,队伍不散编,由国民党提供给养的前提下,挺进队改名为"国民革命军陆军第二十一集团军独立游击第五大队",张体学任大队长,刘西尧任政委。第五大队迅速发展成11个中队,1300多人,大队主力转移到麻城的夏家山。第五大队的迅速发展对国民党构成了威胁,为争夺主要领导权,国民党开始对共产党进行各种打压和迫害。一方面是政治限制,克扣军饷,挤压第五大队和发展"汉留"组织,拉拢人民向国民党靠拢。这时刘西尧审时度势,派刘天元和漆先庭以个人名义发展"福星景保"和"泉华山"两个抗日汉留组织。另一方面国民党采取军事剿共,对第五大队的根据地夏家山进行包围,制造了震惊全国的"夏家山事件",第五大队奋力突围,但仍有300余人遇害。

这里介绍的只是黄冈革命史的一角,却足以显示黄冈人民的伟大精神。铭记历史,展望未来,希望大家能将爱国情怀植根于心,外化于行。

田园童话世界景区

景区总规模 6.982 平方千米,分为生态种养共生区、园林园艺观光区、农业休闲采摘区、生态水稻种植区、农产品加工贮运区、青草湖湿地养生区和移民风情小镇七大功能区,并配套建设了游客中心、土特产销售中心、生态停车场、生态餐厅、农家乐、沙滩挖掘机游乐景区、丛林穿越游乐景区、跑马场景区、高跷采莲景区、室内亲子垂钓馆、垂钓摸鱼景区、孔雀园景区以及水上乐园等,形成集生态种养、土特销售、田园观光、科普教育、会议度假及湿地养生等功能于一体的综合现代农业示范园。

园林园艺观光区规划面积 0.4 平方千米,栽种了郁金香、月季、紫薇、樱花、海棠花、茶花、桂花等名贵花卉和美国红枫等各类名贵绿化树种约 18000 株,有绿色长廊 3000 米、绿色亭台 20 个及各类游玩、观光设施。西府海棠原产于我国东北、华北等地。海棠花是中国的传统名花之一,雅俗共赏,素有"国艳"之誉,历代文人墨客题咏不绝。一代文豪苏东坡也为之倾倒,并留下名句"只恐夜深花睡去,故烧高烛照红妆"。因此海棠花雅号"解语花"。海棠花朵或粉或红,或白或黄,代表着游子的思乡之情、离愁别绪,有温和、美丽、快乐的寓意。

温室无土栽培区栽种的盆景可谓琳琅满目,包括红掌、仙客来、蝴蝶兰、一品红、肾蕨、铁线蕨、长寿花、常春藤等。仙客来原产地在欧洲南部等地,花色艳丽,叶形规正,具有斑纹,为世界著名花卉,适宜冬季会议桌、案装饰,也适合家庭摆放。每当花季,仙客来群葩竞放,争芳斗艳,为人们迎来春光。花基刚伸出来时花苞不卷不变,宛如腼腆害羞的少女;待其开放之时,反卷的花冠似醉蝶翩翩起舞,又像兔子的耳朵,让人想起神话嫦娥奔月中的玉兔,因此也叫兔耳花。

丛林穿越是一项亲近自然、健康时尚且具有探险性质的绿色户外运动。通过在林间设置并搭建各种难易不同、风格各异、超强刺激的关卡，让大家融入自然，感受树上攀爬与林间穿越的刺激。它所挑战的不仅仅是人的体能和勇气，更是突破心理极限的大胆尝试，并激发智慧和潜能。人们在这项运动中得到的不仅仅是刺激和挑战那么简单，更是一种回归自然、回归本能、找回自我、找回自信的途径和方法。它是一种全新的生活方式和生活态度，让游客远离尘嚣，释放压力。

农业休闲采摘区的水果区规划面积 0.6 平方千米，种植各类果树 40000 余株，品种有葡萄、蓝莓、黑莓、草莓、杨梅、黄金梨、杨桃、水蜜桃、猕猴桃、金丝枣、梨枣、冬枣、日本柿子等，做到了四季看花、四季采果。

才品水果香，又迷蔬菜鲜。有机蔬菜区面积 0.533 平方千米，种植了青椒、茄子、黄瓜、丝瓜、西红柿等绿色蔬菜。这些蔬菜不施化肥，不洒农药，不喷催生剂，均为纯生态绿色食品，多食有益身体健康。大家不仅可以观赏，还可以采摘。

园区内现有温室大棚 40 栋，其中有 6 栋是阳光智能大棚。它所采用的是德国贝尔的阳光板，内有 30 平方米左右的居住区，可供一家三口体验农耕生活。温室大棚采用砖墙与保温材料复合墙体筑成，配套采用微喷或膜下滴灌技术和保温被自动卷帘技术，种植区将逐渐形成反季蔬菜批发市场，并从事种子、种苗的科研培育工作。

在波光潋滟中可划着小船在湖里游玩，骑着水上自行车在水中漫步，也可乘着快艇在水中奔腾。细软的沙滩带给你海湾的浪漫，亲水区让你尽情在水中嬉戏，水上步行球让你体验在水上漂浮与奔驰的激情。水上乐园还设计了炫彩激光音乐舞台。这是美丽田园风光与新媒体技术的完美融合，让游客全身心投入，诠释视觉内在的灵魂，感受童话的梦境，陶醉其中。

东片区首先映入眼帘的是艺术农田园。艺术农田园以农田为载体，运用艺术手法和其他工程技术手段，以美学、园林艺术、景观生态学等理论为依据，对农业植物和田块、林带、生产设施等构成要素进行旅游规划设计，达到农业物资产品、农业艺术产品和农业休闲产品三丰收的目的。通过融通河流、水塘、农田，提供多层次的生态廊道，创造一个完善的生态系统，提供富有自然和田园特色的诗意生活和乡村体验。

在生态酒店这里，游客可以领略到巨树垂荫、花红草绿、飞瀑流泉、曲径通幽的美景，同时，还可以置身其中，一边品尝美味佳肴，一边观绿植、赏美景、望飞瀑、戏流泉，让人流连忘返。特别是能在这里品尝到有地方特色的东坡豆腐鱼、团风狗脚、团风糍粑鸡汤等特色菜以及园区种植的生态蔬菜、生态水果、生态水产，原生态的美味让人回味无穷。这里质优价廉的餐饮、热情周到的服务也一定会带给你一个好心情。

将军故里 传奇红安

视频：红安

红安，原名黄安，于1563年建县。那么"黄安"后来又是怎么改称"红安"的呢？红军时期，由中国共产党领导的有三个方面军，其中中国工农红军第四方面军诞生于黄安县七里坪镇。成立之后的第一次战役是攻打黄安县城，史称"黄安战役"。历时43天，消灭和俘虏国民党军15000余人，活捉敌军师长赵冠英，取得了巨大的胜利。为庆祝黄安战役的伟大胜利和表彰黄安人民的革命斗争精神，中共鄂豫皖中央分局决定，于1931年底将"黄安县"改名为"红安县"。直到中华人民共和国成立以后，湖北省人民政府于1952年9月，经中央人民政府政务院（现在的中华人民共和国国务院）批准，将"黄安县"改名为"红安县"。这是中华人民共和国历史上唯一用"红"字命名褒奖的县。

红安位于湖北省东北部大别山南麓，南邻武汉，北接河南省新县，东邻麻城，西接黄陂、大悟。红安地势北高南低，海拔高度一般为200米。最高点为县北的老君山，海拔840.5米，其次为天台山，海拔817米。全县河谷平原少，为半山半丘陵地区，山脉均属大别山支脉。距武汉市区100千米、武汉天河机场85千米，京九铁路、合武铁路穿境而过，并设立红安西站。京珠、武麻高速互通，麻竹高速横穿县城中部。全县总面积1796平方千米，辖13个乡镇（场），396个村民委员会，村民小组3814个。

红安历史文化底蕴深厚，孕育了理学奠基人、北宋理学家程颐、程颢，现代著名的翻译家、文学家叶君健和著名历史学家冯天瑜等一大批名臣学士。老子曾居此修行，杜牧、苏轼、李贽、吴承恩等文人墨客，来此游山赏景、著书立说，留下了不朽的诗篇。新石器时代至东周时期的文化遗址墩子岗、西寨山，西周至春秋时期的文化遗址日月堡、金盆玩月等，让你寻古探幽，见证古代文明；宋代双城塔桃花塔、"三雕"珍品陡山吴氏祠、明代古村祝家楼等古塔、古祠、古村，物华天宝，令人叹为观止；红安民歌、民间刺绣、皮影戏等民俗风情丰富多彩，异彩纷呈。

红安是将军的摇篮，有着富饶的红色文化。战争年代，这里是著名的黄麻起义策源地，打响了黄麻起义的第一枪，是鄂豫皖革命根据地的中心地区。这里诞生了董必武、李先念两位国家主席和陈锡联、韩先楚、秦基伟等223位将军，走出了红四方面军、红二十五军、红二十八军三支红军主力部队。为了中国革命的胜利，14万英雄儿女献出了自己宝贵的生命，登记在册的烈士达22552人，被誉为"中国第一将军县"。中华人民共和国成立以来，以红安籍开国将军为原型的影视剧层出不穷，深受观众喜爱。电影《夜袭》中的陈锡联、电影《惊沙》中的秦基伟、电视剧《亮剑》中的李云龙，其原型分别为红安籍陈锡联上将、秦基伟上将、王近山中将。《铁血红安》在央视黄金时段的热播，更使红安知名度大为提升。如今，黄麻起义和鄂豫皖苏区纪念园、董必武故居纪念园、李先念故居纪念园等红色景区景点，更是成为无数中外游客追寻传奇、接受精神洗礼的红色圣地。

红安境内山川秀丽，文物古迹众多，红色景点尤盛。举水、倒水、滠水三条河流似三条玉带穿境而过，奔流不息。这里有钟灵毓秀的天台山自然风光及天台禅乐、神秘的古兵寨九焰山、柔情的爱河谷等奇峰异石、层峦叠翠、花木繁茂、清流潺潺，让人浮想联翩；也有波光潋滟的香山湖、金沙湖，似一颗颗璀璨明珠镶嵌在高山峡谷之中；也有惊险刺激的对天河漂流、清新天然氧吧杨山河吧等。这里有"三雕"珍品陡山吴氏祠、古韵悠长的古村落祝家楼村，这里有中国历史文化名镇——红安县七里坪镇，拥有中国第一家革命法庭、第一家苏维埃银行、第一个以列宁命名的"列宁市"等。可谓是红、绿、古三色交融、熠熠生辉。

红安有颇具特色的土特产、饮食文化，原汁原味的地方曲艺、乡风民俗。珍珠花扣肉、煨葫芦、绿豆粑、臭皮子、红安苕、永河皮子、荆芥炒黄瓜、胡家河萝卜是红安有名的土菜。红安自己的地方剧种——楚剧，以及皮影戏、灯戏、民歌、民间舞蹈、鼓书等红色剧目，受到游客一致好评。大家可以尝一尝红安美食，听一曲原汁原味的民歌小调，看一场红色剧，给亲朋好友带一些红安特产。

近年来，红安县按照"以红为魂、红绿相间、多产融合、全域旅游"的旅游发展战略，重点打造以黄麻起义和鄂豫皖苏区纪念园为核心的革命传统教育片区，以李先念故居纪念园为核心的山水休闲片区，以七里坪长胜街为核心的红色文化片区，以陡山吴氏祠为核心的美丽山乡片区，全县基本形成了以红色旅游为主，绿色生态游、古色人文游、农家乐休闲度假游互为补充、相得益彰的旅游格局。红安县现在已成为全国12个重点红色旅游景区、30条红色旅游精品线路和100个红色旅游经典景区之一，也是湖北重要的革命传统教育基地。

将军故里，传奇红安！红色的红安、绿色的红安、人文的红安、经典的红安热烈欢迎你！接下来让我们去体会传奇红安的传奇历史吧！

黄麻起义和鄂豫皖苏区纪念园

黄麻起义和鄂豫皖苏区纪念园是国家AAAA级旅游景区，是中共中央宣传部首批命名的"全国百家爱国主义教育基地"，原名黄麻起义和鄂豫皖苏区革命烈士陵园，主要是为了纪念在黄麻起义和鄂豫皖苏区斗争中牺牲的烈士。1956年经董必武提议，报请湖北省人民政府批准兴建，2010年更名。现主要建筑物有"一碑两场两园五馆"，即黄麻起义和鄂豫皖苏区革命烈士纪念碑、纪念碑广场、英烈广场、将军墓园、红军墓园、董必武纪念馆、李先念纪念馆、黄麻起义和鄂豫皖苏区革命历史纪念馆、黄麻起义和鄂豫皖苏区革命烈士纪念馆、红安将军纪念馆。

黄麻起义和鄂豫皖苏区革命烈士纪念碑是华国锋同志题写的。纪念碑于1977年，也是黄麻起义50周年破土动工，1979年建成。现在的革命烈士纪念碑及纪念碑广场面积达5000平方米，广场中央的五角星，覆盖的是红安地图的全貌。纪念碑高27.11米，为什么是这样一个数字呢？其实，这个数字是为了纪念黄麻起义的爆发日——1927年11月13日。革命烈士纪念碑的两侧有两尊巨大的铜像，左塑武装农民身背大刀，高举铜锣；右塑红军战士，高擎钢枪，奋勇向前，象征着根据地军民同心，坚持武装斗争。碑座前方是汉白玉雕成的五角星镶嵌着党徽，象征着苏区儿女心向共产党。碑身两侧分别是董必武、叶剑英、徐向前、李先念的题词，碑座两侧是巨幅浮雕，展现的是苏区人民在黄麻起义和鄂豫皖革命根据地斗争中英勇奋斗、前仆后继的壮丽画卷。碑的背面是红安人民孺幼皆知的革命歌谣《黄安谣》："小小黄安，人人好汉。铜锣一响，四十八万。男将打仗，女将送饭！"

黄麻起义和鄂豫皖苏区革命历史纪念馆与大门、烈士纪念碑和镙子山的山峰在一条中轴线上，中轴线东西两侧用"V"形道路串起董必武纪念馆、红安将军纪念馆、李先念纪念馆、黄麻起义和鄂豫皖苏区革命烈士纪念馆。

　　黄麻起义和鄂豫皖苏区革命历史纪念馆于 2007 年 11 月 13 日黄麻起义 80 周年纪念日正式对外开放，共展示文物 645 件，照片 766 张，艺术品 33 件，以序厅大型雕塑《大别雄风》开篇，以尾厅大型组合照片《将军摇篮》结束，以《黄麻惊雷》《商南烽火》《皖西烈焰》《赤区新貌》《鏖兵大别》《浴血孤旅》6 个单元展出，着力展现鄂豫皖革命根据地"英雄的山—英雄的人民—英雄的业绩—英雄的精神"。历史纪念馆按照历史的时间顺序陈列，生动地展现了鄂豫皖革命根据地土地革命战争时期十年红旗不倒的悲壮历程及其所体现的革命英雄主义精神，突出了黄麻起义和鄂豫皖苏区在中国新民主主义革命时期的历史地位和作用。红安是中国共产党领导人民革命武装斗争的重要发祥地，中国工农红军的重要诞生地，中国共产党培养和造就治党、治国、治军杰出人才的重要基地。

　　历史纪念馆的西侧是黄麻起义和鄂豫皖苏区革命烈士纪念馆，馆内分设序厅和烈士陈列室两部分。序厅由巨型雕塑《大别山母亲》和巨幅背景浮雕《碧血黄安》组成，二者有机地融为一体，寓意着祖国母亲将永远铭记烈士们的英名。历史纪念馆于 1987 年动工兴建，1990 年对外开放，2006 年进行维修改造。全馆占地面积 4670 平方米，建筑面积 2460 平方米。而且，馆舍均为仿古庭院式结构，长廊环绕，飞檐碧瓦，掩映在苍松翠柏之中。馆内什么东西最具纪念意义？那就是馆名，它是由徐向前元帅亲笔题写的。馆内共展出 263 名烈士的生平事迹、遗物、照片等。

　　李先念纪念馆于 1993 年经中共中央宣传部批准，1994 年清明节动工修建，陈云同志题写馆名。1996 年在纪念馆的试展期间，迎接了江泽民总书记的视察。1997 年 6 月 21 日正式开馆，2012 年 10 月进行维修改造，2014 年 7 月对外开放。该馆占地面积 5500 平方米，建筑面积 3305 平方米，布展面积 2000 多平方米。纪念馆依山傍势，气势恢宏，造型典雅。序厅以李先念全身铜像及左、中、右 3 面大型浮雕开篇，后面分 9 个单元和 1 个专题，展示了李先念同志集平凡和非凡、朴实和传奇于一身的个人风采，介绍了李先念同志在 66 年革命岁月中，从一名普通木匠成长为举世瞩目的将军，从农民的儿子成长为国家主席的光辉历程。

　　沿着山上的小道往上走，映入眼帘的是一排排烈士和将军墓。

　　红安约有 14 万优秀儿女为中国革命献出宝贵的生命。他们的遗体掩埋在祖国的大江南北，长眠在此的只有几位。最早安葬在陵园的烈士是吴焕先、沈泽民、蔡申熙。

　　吴焕先烈士是红二十五军军长、政委，被称为红二十五军军魂。1935 年 8 月，红二十五军进入甘肃泾川县，在渡河中遭敌偷袭，吴焕先在掩护部队突围时不幸中弹牺牲，年仅 28 岁。

　　沈泽民烈士是著名作家茅盾的弟弟,他于1931年4月任鄂豫皖分局委员,1933年11月20日,沈泽民在天台山病逝,年仅33岁。1963年,沈泽民的遗骸迁葬革命烈士陵园,碑名由董必武题写。

　　中国人民解放军36位军事家之一的蔡申熙烈士,1932年10月在河口镇战斗中不幸中弹,因流血过多而牺牲,他牺牲时年仅26岁,遗体掩埋在今红安县上新集镇黄才畈村。1963年,迁到红安县烈士陵园。

　　上面有20多位将军墓:有曾被东北蒋军称为"旋风司令"的韩先楚将军墓;有著名的"上甘岭战役"总指挥、国庆35周年阅兵总指挥、曾任国务委员兼国防部长的秦基伟将军墓;有"军政双全"的"百战将军"王建安将军墓;有"活张飞"之称的刘昌毅将军墓。还有一位没有授衔的将军,他是红安最早的革命领导人之一郑位三。

　　在锞子山东侧半山腰依山而建的就是董必武纪念馆。纪念馆占地面积5100平方米,建筑面积2370平方米,是一座具中国民族特色的仿古庭院式建筑。1985年4月5日纪念馆奠基,1986年3月5日董必武同志100周年诞辰之际建成开馆。馆名由徐向前元帅题写。为纪念建党100周年,2021年对董必武纪念馆进行了维修改陈。

　　登上45级台阶,进入董必武纪念馆,纪念馆正院中央安放着董必武半身铜像,基座上"董必武纪念像"六字由邓小平同志题写,基座后为董必武和夫人何连芝骨灰合葬墓;正院屏风上镌刻的"董

必武同志生平"由著名书法家启功先生书写。纪念馆通过多件文物、照片、复原场景等较先进的展陈手段再现了董必武光辉战斗的一生。

黄麻起义和鄂豫皖苏区革命历史纪念馆东50米处为红安将军纪念馆。红安将军纪念馆于2006年10月26日奠基,占地面积2040平方米,建筑2300平方米,该馆为两层框架水泥结构建筑。

在红安将军纪念馆后面修建的是红军墓园,墓园占地面积4000平方米,2002年8月修建,现有陵墓139座,陵墓依前低后高的地势分为7排,各陵墓规模形制基本统一,每座陵墓一律面西南背东北。

红军墓园北门相对的是骨灰堂,堂内安放着17位红安籍将军和80位烈士、老红军的骨灰和遗像。大门上写有挽联"革命先烈落叶归根万人齐敬仰,英雄后代孝思长存千载永颂扬",横批"音容宛在典范长存"。

黄麻起义和鄂豫皖苏区革命历史纪念馆后、董必武纪念馆西侧为2007年修建的红安革命烈士纪念墙,长60米、高5.4米。墙面居中上方镌刻"140000",是红安为中华人民共和国的诞生牺牲的人数;墙面最东端竖向镌刻"红安革命烈士纪念墙"九个镏金大字,之后由东往西按姓氏笔画整齐排列登记在册的22552位红安革命烈士的英名。

习近平总书记曾很动情地说:"红安过去叫黄安,为了中国革命的胜利牺牲了14万英雄儿女,特别是从1923年建立党的组织以来,直到解放的27年间,党的组织从未间断,值得研究。"

● 李先念故居纪念园景区

李先念故居纪念园牌坊式门楼为四柱三门冲天式构造,结构简约,气势雄伟。抬头可以看到大门上写着"李先念故居纪念园"八个大字,这八个大字由中央军委原副主席刘华清上将亲笔题写。两侧立柱上的楹联"入川陕,走河西,驰骋中原,将军不下马;理仓廪,问经济,剪除蠹贼,元首正是他"和"先天下之忧而忧清风两袖,念天下之苦为苦正气千秋",则由军旅作家刘亚洲所作,精辟概括了李先念同志66年革命生涯。

李先念故居纪念园以李先念故居为中心，逐步修建了李先念纪念馆、李先念故居图书馆以及红马赛等。整个建筑群北靠青山，南临池塘，西倚李家大屋水库，东望九龙冲口，与周边环境形成了山中园、水中园、林中园的格局，是红色旅游景区与绿色旅游景点交相辉映的地方，在2009年李先念100周年诞辰之际正式对外开放。李先念故居纪念园景区是国家AAAA级风景旅游区，是全国12条红色旅游精品线路之一，是湖北省国防教育基地。

随着园区规模不断扩大，配套功能不断完善，旅游人数逐年增多，园区年接待参观量达40万以上。2009年，园区成功接待了美国前总统卡特先生及其夫人、美国乔治敦大学校长约翰·德吉奥亚先生一行来访，2014年接待了美国西部市长代表团的来访，2015年接待了日本前外务副相山口壮等来访，并多次接待原美国飞虎队援华抗战飞行员格伦·本尼达先生及家人的到访。除此之外，国务院扶贫办外资中心党支部、中国人民解放军海军工程大学和武汉士官学校及荆楚理工学院等多家单位也先后来园区挂牌开展共建活动。

桂花园酒店广场中央坐落着李先念的铜像，再现了李先念同志当年骁勇善战的英姿。

▶ 故居部分

这五间土坯砖瓦房就是李先念同志的故居，其实这房子并不是李家祖传下来的，而是当地一位大地主搭盖的茅草屋，用于佃户栖身。当时这里一共住了两户佃农，东边一户姓陈，西边一户姓李。李先念故居于2006年5月被国务院公布为第六批全国重点文物保护单位。

西边的两间就是李先念同志的故居，李家祖辈几代都是靠租种地主的几亩薄田为生，住的是地主家的茅草屋。1909年6月23日，李先念同志就是在这里出生，并在这里度过了青少年时期。该故居是一栋普通的土砖瓦房，是李家祖辈租种地主的佃田时住过的房屋。房子不高，坐北朝南，非常简朴。

走进李家，进门的第一间为正厅，摆设有方桌、椅子、纺线车等，旁边的一间是卧室兼厨房，放置有床、储柜，还有柴灶等。左右两面墙上的照片展示的是对李先念一生影响最大的两位人物：母亲王氏、父亲李承元。

▶ 纪念馆部分

纪念馆的馆名是由李先念的夫人林佳媚亲笔题写。李先念纪念馆以图片及文字形式讲述了李先念同志从一名小木匠成长为国家主席的光辉历程和他身居高位仍心系家乡的赤子之情。

▶ 图书馆部分

李先念故居图书馆占地面积3300平方米，建筑面积2500平方米，是按李先念同志在中南海居住的房屋仿造而来，分为办公区、生活区、功能区，部分再现了李先念同志在北京期间生活和工作的环境。

图书馆序厅的照片是故居的原貌图，拍摄于20世纪80年代末，展厅的四幅照片是李先念同志与四代党的主要领导人的合影。

功能区中的小影院是根据李先念同志家的一个小影院改造而来，主要用于当地农业科技培训、学术交流以及会务活动等。

图书馆阅览室收藏了关于李先念同志生平、红四方面军战史、新四军第五师发展史及农业科技等方面的图书等。

天台山风景区

天台山位于全国知名"将军县"——红安县境内，属大别山脉南麓，南距武汉市区130千米，方圆65平方千米。天台山风景区内自然生态保护完好，群山连绵，河谷纵横，主要由天台山风景区、九焰山古兵寨风景区、老君山风景区、香山湖风景区、对天河探险漂流峡谷风景区、爱河风情峡谷风景区和天台寺风景区等组成。景区内现有二、三星级旅游宾馆等配套服务设施，是旅游、避暑、召开会议等的理想选择。

天台山可以称为一座自然博物馆，山上有千年银杏树。银杏树全身都是宝，每到秋季，银杏果挂满枝头。银杏树又被称为公孙树，往往是上一代栽种，下一代受益，因为它的生长周期长，十年以后才挂果。它也是我国三大活化石之一。此外还有灵芝、何首乌、天麻等名贵中药材。天台山地区现在把种植和销售中药材作为龙头产业来抓，使一方乡民脱贫致富。另外，天台山还有煨葫芦、珍珠花等山珍特产。

天台山还是理想的避暑胜地。天台山气候宜人，年平均气温18 ℃，夏季平均气温23 ℃左右，即使是盛夏酷暑，天台山的最高气温也只有28 ℃，这在海拔不到1000米的山区是不多见的，是不可多得的避暑胜地。这里空气新鲜，气候宜人，入得山来，犹如进入仙境一般。天台山一年四季如画，春季山花烂漫，夏季清新凉爽，秋季层林尽染，冬季则一派北国风光。天台山植被很好，植物品种多样，山上以黄山松为主，还有银杏、杨桃、山楂、板栗等植物，人们常说这里是"七月杨桃八月楂，九月白果树上挂"。

得天独厚的自然地理条件，还造就了天台山风景区底蕴深厚的历史文化。天台山是革命的山，是红安的骄傲，它之所以被称为革命的山，是因为在战争年代它曾是革命的大本营。中原突围后，李先念的几个部下带领一支队伍曾在这里开展游击活动。著名的平台岭大血案就发生在这里，国民党军队在平台岭一次就屠杀了共产党员和革命群众2000多人。这里一直是敌我拉锯的地带，到刘邓大军南下时，方圆数十里的160个村庄几乎变成无人区，原来的4000多人只剩下183人。后来李先念同志挥师南下时，他曾与刘、邓首长商定留下一个营的兵力，一是坚持斗争，二是帮助那里的群众重建家园。可以说李先念同志对天台山的建设做出了很大的贡献。

古有"文风犹盛唯有楚，楚亦在黄（安）"之说，而黄安（红安）文风之盛亦源自天台山。古往今来，这座文化名山为红安增添了不少光彩，尤其对红安崇文重教风气的形成、社会的发展有着深刻的影响。

相传，春秋时期，孔子周游列国，来到天台山，看到此山如此雄奇，风景秀丽，文气很盛，猜想其日后必定会成为一座文化名山,遂挥毫题下"文脉"二字。当然,因为年代久远,当年孔子题下的"文脉"二字已经风化,现在所看到的"文脉"二字是由孔子的第七十四代孙孔可立所书。

天台山主峰海拔817米,因其峰顶似台,势若接天而得名,史称"淮南第一峰",主峰四面峭壁如削,挺拔壮观。

这里有神奇秀丽的香山湖,湖面蜿蜒曲折,形态俊美,宛如巨大的翡翠镶嵌在群山之中,聚小三峡之壮丽,集瘦西湖之秀美于一身。在湖内泛舟,可以远眺天台山主峰,青山碧水尽收眼底。香山湖水质清澈甘甜,可以直接饮用,整个红安县居民的饮用水都来自于此。

对天河探险漂流峡谷风景区就隐藏在香山湖的尽头。对天河峡谷全长5.8千米,总体落差达143米,单个冲滩最大落差达12米,是华中地区落差最大的漂流景区,享有"华中第一漂"的美誉。全漂流峡谷水域一气呵成,两岸森林覆盖,奇石耸立,艇在绿荫中穿行,时而平缓,时而险滩。河床完整,由大块大块的青石板组成,国内罕见。省内独家采用自动排水式漂流艇,不需舀水。

天台山的另一个知名的景区——爱河风情峡谷风景区。从天台山和九焰山的沟壑里流出来两股溪流，蜿蜒而下，在穿过茂密的原始丛林后，在两河谷口汇合，两河谷由此得名，也被称为爱河。爱河内溪流淙淙，大小水塘像串在水流上的明珠，晶莹剔透，水塘内小鱼小蟹悠然自得。爱河两边峭壁奇石，形成多个峡口和山湾。穿过一峡一湾，会看到不同的风景，一会儿是工笔重彩，一会儿是泼墨写意，无限风光美不胜收。

天台寺内方石屏上的《天台胜记》是明代户部尚书耿定向所作，他出生于红安县杏花乡坟山洼村，明嘉靖年间中进士，历任户部尚书等职，是红安建县创始人，既是理学家，又是文学家。辞官回乡后在天台山创办了天台书院，读书人称他为天台先生，家乡人都亲切地称他为"耿天官"。

耿定向所作《天台胜记》的文辞为"天台山者，楚魏之交山也。其山形类台，巧若天造，故名天台云……"在这篇游记中，他详细介绍了上天台山的路径、天台十景的命名和由来以及天台山风景区的自然风光。当时天台书院在全国范围内的影响力是很大的，吸引了很多文人雅士前来讲学论道。除耿氏兄弟外，还有明代著名思想家、文学家李贽，理学泰斗二程（程颢、程颐），著名学者焦竑、周子征、邹善、吴心学等纷至沓来，使天台山声名鹊起。

简要来说，天台山上有"三门四台十景"。门内左侧的这块奇石，就是十景之一的"告天炉"，因其形状酷似寺庙里的鼎炉，所以取名告天炉。此景由耿定向所题，周思久所书，安成名士邹善为此景题诗："我心一天心，告天犹告我；终朝对此山，默默自印可。"时至今日，告天炉依然默默"终朝对此山"。告天炉台顶有四五平方米，刻有一棋盘和一些怪异的图形，所以当地人也称之为棋盘石。这些图案来由无从考证，给这奇石蒙上了千古迷雾。古时人们常常跪于岩石顶，向上天祈愿，祈求赐福消灾。

站在"淮南第一峰"之巅，放眼望去，仲台、叔台和小台三台联亘并立在伯台的东南方向，就像学生相依而立，躬身向老师求教；又像兄弟亲昵相聚，潜心研讨学问。远处群山连绵，海阔天空，远近树木层层叠叠，不见边际，胸襟也不禁开阔起来。难怪红安流传这样一句话："若要到红安，必上天台山，不上天台山，不算到红安"。

寺庙后面的茶园是天台山中最好的茶，所以说天台山不仅景色秀美，而且是一块宝地，所产天台云雾茶，是茶中珍品。往前走有一奇石，两三米长，宽一米多，与台顶隔开数尺，缝深不见底。由此缝往山下看，只见峰石壁立，不见谷底，传说虔诚者站在石上，可泰然立之，虔诚者会得到上天的恩赐，求得无灾无祸，官运亨通，财源滚滚。

帝王湖景区

视频：帝王湖

　　帝王湖景区位于红安县高桥镇境内，东北纵贯倒水河，西北濒临金沙河，南距武汉市中心60千米。景区占地5.33平方千米，其中水域面积约0.7平方千米，山脉梯级分布，环状萦绕湖面的龙王山、龟山、蛇山、虾山等象形山体被水域隔开，湖泊、滩流像一颗颗璀璨夺目的珍珠，在繁茂的森林中绽放异彩。

　　立在高台上的大石，形如碑状，写着"帝王湖"三个大字。这块石头和底座下的小石头山自然连为一体，相传为本地的"镇灵"之物。

　　道教传说中玉皇大帝原姓张名友仁，历经万劫亿难，至最后一世轮回，终成正果，得道成仙，尊为玉皇，统领天宫众仙、星君、四方四海众神。据说，玉皇大帝在人间最后一世为人忠厚朴实，勤于耕作，和睦乡里，四邻皆称他"张实在"。当世当时，天下太平，张友仁一生平和，家事兴旺。张友仁每日耕作之余，在家附近一湖边清洗休憩。直到一日，正在湖边休憩的张友仁，忽闻仙乐四起，天上彩虹万道，顿悟前世今生，飞升天庭。

　　沧海桑田，荆楚大地涌现出了很多帝王将相和先贤名流，荆楚出才子的消息传到了玉皇大帝耳中。玉皇大帝顿感惊奇，决定亲自到荆楚大地调查探访。在途经一片湖水时，发现此处水软山温，苍松挺拔，翠竹摇曳，鸟语花香，云雾缥缈，钟灵毓秀。掐指一算，顿时明了，此地乃荆楚命脉所在。于是命龙、蛇、虾、龟、虎五大护法降到人间，卧于此山之中，世代守护荆楚的灵脉。五大护法到了以后，此地更是增加了龙气虎威，却打破了原有祥和，当地原有居民不敢靠近取水。一日太白金星巡视人间，发现了这个问题,便禀告玉皇大帝。于是玉皇大帝交给太白金星一道玉牌,太白金星将玉牌放置在湖边的一个小石山包上,玉牌立刻化为自然石牌与山石及山脉相连,五大护法也收敛威压,化为山脉、湖岛一起拱卫着这块灵气山湖之地。

龙门广场有一条金龙,四爪强劲有力地抓住山石,扬首东方,龙口微张,似乎正在长啸。站在龙头前方仰视,会隐隐感受到一股龙威之势。

帝王湖还有水上乐园、海啸馆、五彩滑道、攀岩、丛林游乐场等体验项目,还有特色餐厅、别墅酒店,能够满足大家参观游览、亲子娱乐的需求,是假日的不二选择。

陡山吴氏祠

陡山吴氏祠位于八里湾镇陡山村中部,是陡山古村落的重要组成部分。

据记载,吴氏建自家祠堂可谓多灾多难,清乾隆二十八年(1763年)由吴姓族人合资兴建,不料毁于大火。时隔100余年,清同治十年(1871年)重修,耗费族人不少精力和钱财,结果辛辛苦苦建起的祠堂再次毁于火灾。几十年后,陡山有兄弟二人在外经商,小有积蓄,于是起兴建祠堂之雄心,由他们弟兄俩捐银达8000两,族中有积蓄的人家凑银数千两,再加上一般农户捐的铜钱和工具,共计1万两。经过精心设计施工,终于建造起方圆几十里、其他诸姓难望其项背的第一流的宗族祠堂吴氏祠。

鉴于前两次祠堂毁于大火的教训,这次祠堂进行了重新选址,并请风水先生反复论证,避开火位。在祠堂选择开门的朝向时,同样是坐北朝南,只是整座祠堂的朝向不是朝北,而是偏向西北方,这样祠堂的大门就显得略有些偏向,同时祠堂特地造在一条河流(现在已成了一条河沟)旁,为的是建筑材料运输方便,更重要的是为了防火。

为了确保工程质量,整座祠堂的建筑材料都是定制或专门采购的。建筑班底是最负盛名的肖家石匠班子,这套班子专在江、吴、程、谢四大富户中做房子,绘制祠堂的图纸亦是几经修改定稿的。木工班子更硬，由闻名两湖（湖北、湖南）的"黄孝帮"掌墨牵头，极尽雕画镌刻之能事，是花了礼金特地聘来的。远远地，可以看见那棵死而复生的大枫树，与大枫树比肩而立的，是久负盛名、鹤立于周围民居之中的吴氏祠。

一座吴氏祠堂在坎坷中修建而成，记录了吴家的历史。接下来我们就一起进入祠堂，欣赏祠堂的建筑艺术，探寻祠堂的历史文化。

推开朱漆大门，拾级而进，迎面是宽敞的大院，院落正中有两株合抱的桂花树。据族中老人介绍，这两棵桂花树是清代同治年间栽种的，几番险些死过去，又活了过来，被视为族中圣物。秋高气爽时节，值"万物已随秋气改，一樽聊为晚凉开"时，金风催开玉桂，遍地铺满黄花。那时，不单是这前庭，连整座祠堂，都透着浓郁的桂花馨香，行人在数里之外，都能闻到桂花的香气。无论祠堂内的桂花开得多么灿烂，族里是绝不允许随便折上一枝的。

祠堂进去的第一重是观乐楼。这观乐楼做得极为考究，全部为木材做成，梁、柱、幅上无一处不镌刻花鸟人物。楼顶用砖砌起高高翘起的有着优美曲线的飞檐翘角，角上用白玉雕刻有奇禽异兽。观乐楼的主要功能是娱乐，在楼上沿四周"回"字形雕花壁板走廊，可以全方位地观看楼下歌舞戏曲表演。观乐楼正中所坐的一般是族中族长、长辈及绅士秀才之类的显赫人物。

令人拍案叫绝的是观乐楼下长两丈余的楼檐木雕，雕刻的是光绪初年武汉三镇景象。气势恢宏、古朴典雅的黄鹤楼高高矗立，在众多鳞次栉比的楼房之中，如鹤立鸡群，分外醒目。浩渺的长江从武昌、汉口流过，江上楼帆林立，千舟竞发，逐波追浪，三镇间拱桥飞架，桥上人流簇拥。从人们的穿戴中可以分辨出，有学生、商贾、士子、工匠各色人等，服饰发型皆为晚清风格。细看桥上有人倚栏而立，眉宇生动，似对江水幽思；有人器宇轩昂，极目远眺。整个画面是半立体式雕塑，镂空的窗户可以塞入一小指，桥上栏杆人可用两指夹抚。万千人像皆有喜怒哀乐，立体地再现当时的武汉三镇景象，是一幅少见的木雕珍品。

走过前院，踏上两级石阶，就到了祠堂的上殿——拜殿。这里殿厅宽阔，两边摆满油漆雕花太师板椅，大殿厅正中摆一长溜雕花香案，上面供有吴氏列祖列宗牌位。此处长年香烛缭绕，供品不断。在大厅与前庭相邻处的正中，有用粗红铜线捆扎的金龙1条，柱子两边是3尺高的木雕艺术挂幅，雕的是葡萄，葡萄的叶、藤、须、果都雕刻得栩栩如生。定睛细看，在硕大的葡萄叶和卷曲的藤、须空隙间，竟有一群老鼠藏匿其中。这些老鼠或露或藏，活灵活现，再近前细看，才发现这些老鼠也是雕刻的。更令人惊叹的是，这些木雕老鼠居然被雕得毛茸茸的，如活的一般。整个画面构成一幅令人难忘的"百鼠葡萄图"。此外，大殿的四壁还雕有凤凰、仙鹤、麒麟、狮子等珍禽异兽，刀工熟练，妙夺天工。

沿着拜殿两边的边门再往后走，就到了寝殿。在拜殿与寝殿之间，又有一块与前面栽种桂花树庭院面积相仿的后院，后院正中植有两株树龄在80年以上的老梅树。两株梅树枝干虬盘，于寒冬时节清香扑鼻。后庭的东西两边为厢房，每间厢房门皆为镂空雕花的鼓皮门。四扇门上用极精细的刀法雕刻四个斗大的鸟体字：渔、樵、耕、读。这四字一进后庭即可看到，非常醒目。鼓皮门的上下方雕的是西厢记、梁山伯与祝英台、苏小妹三难新郎等文人学士的故事。

20世纪30年代，红安率先开展土地革命，农民运动如火如荼，在当地党组织的领导下，吴氏祠成了倡导农民运动的"女学堂"。青年妇女纷纷走进昔日不能迈入一步的祠堂寝殿，以厢堂作为教室，在这里识字和学习马列主义理论。老一辈革命家董必武培养的青年学生，以祠堂作为落脚点，在这一带积极开展活动。八里湾出生的世界知名作家叶君健，在他的《土地三部曲》长篇小说中，绘声绘色地再现了这一时期的革命斗争历史。

祠堂后来成了学校，最开始这里是陡山师范，培养了一批批走向全县教育战线的教师，后来这里办的陡山中学有近10年之久。庄严肃穆的祠堂被琅琅的读书声充斥,学生活泼的身影出没于祠堂,给这古老的祠堂增添了生气和活力,但同时也给祠堂造成了一些损毁。尽管学校领导和老师尽力维护和小心使用,但自然损耗和少年学子无意识或不经意的毁坏,累积起来也是令人吃惊的。

不管岁月演变,政治风浪冲击,吴氏祠最后还是幸存下来,成为宗族性建筑的标志,向世人默默地述说它的作用。其间,白蚁对祠堂的木质结构造成毁灭性的破坏,再加上本已破旧的祠堂年年要经受狂风骤雨、大雪冰雹的考验,于是毁坏在加剧。幸好红安人的观念在发生深刻嬗变,吴氏祠成了红安旅游开发的重点之一,县委、县政府拨专款对祠堂进行保护维修,努力做到修旧如旧,将祠堂列为湖北省重点文物保护单位,现在吴氏祠已经被确定为全国重点文物保护单位。

长河缘生态旅游度假区

长河缘生态旅游度假区位于红安县高桥镇。高桥镇位于红安县西南部,北抵县城15千米,南达红安西站18千米,距离武汉80千米,车程约1小时。

长河缘生态旅游度假区总面积近2平方千米,是一个以乡村旅游服务产业为基础,以原生态的山水环境为依托,以郊野休闲度假为特色,集科技农业、文娱表演、度假居住、观光览胜、科普亲子教育等综合功能于一体的综合产业园区。根据项目定位,在功能结构规划时,将规划区域定位为三大板块,即生态旅游版块,打造集四季花海、民族风情园、世界爱情园、亲子游乐园等于一体的大众旅游休闲板块;农业生产版块,与湖北省农业科学院合作种植各类精品果树,以绿色食品标准种植各类蔬菜来满足中高端消费者;养身康体度假版块,采用院落式结构布局,新中式建筑设计风格,院落外郁郁葱葱的山体植被,院内阳光草坪,繁花似锦,自然野趣与匠心独具共存。

目前,项目建设的主要内容有百亩月季花田花海、少数民族风情园、世界爱情园、百果采摘园、童梦田园游乐园、康体养生拓展、缘野餐厅、印台民宿等。

▶ 少数民族风情园

园内建有民族村寨8个,包括土家族、高山族、壮族、基诺族、苗族、黎族、佤族、蒙古族景区。全部建筑均采用1:1的比例,真实再现该民族的文化遗存。整个公园集民族建筑、文化展示、歌舞表演、体育竞技于一体,是一座露天的少数民族人文博物馆。在这里,可以欣赏和参与各民族歌舞、节庆、生产、竞技和技艺等表演活动。

▶ 世界爱情园

世界爱情园是主题乐园,这里不仅供游客观光,还可以举办婚礼。世界爱情园里的爱情广场可作为大型集会和娱乐的场所。世界爱情园通过景观设计的手法,将世界各大洲的典型爱情故事发生地在园内复原,从亚洲到美洲再到欧洲,供游客观光及为婚纱摄影提供拍摄背景。植物迷宫是由迷宫文化渗透到环境艺术中产生的,是西方园林植物文化的代表之一,可以通过探讨植物迷宫的文化来进一步了解西方整形植物的文化内涵。

▶ 童梦田园游乐园

童梦田园游乐园是孩子们的天堂。这里有各种游乐项目,提供孩子们与自然深度接触的机会,孩子们能在这里自由自在地奔跑、跳跃、攀爬,和动植物互动,在释放天性的同时获得相关知识。

▶ 缘野餐厅及印台山庄

缘野餐厅占地超1000平方米,具江南园林建筑风格。既简朴无华,又素净淡雅,格局紧凑自然,结合植物配置,点缀四时景色,给人以幽静、明朗之感。各个包间皆以"缘"字命名,既可接待游客休憩简餐,亦能举办婚嫁喜事。

印台山庄隐藏于松树林内,和大自然融为一体,沉浸在一片静谧里。住在这里,吃的是当地种植的食材,喝的是传统方法酿造的粮食酒,让你在美好的时光中守住心中的那份自然。

▶ 鸳鸯湖

鸳鸯湖是园区中部风光旖旎的水上乐园。湖面宽阔,湖水清澈,红新干渠把湖面一分为二,故而取名鸳鸯湖。碧水中央兀立有湖心岛,岛上种有大片桂花树,每年都有成群白鹤、野鸭栖息在库湾之中。鸳鸯湖的一端建有大型瀑布,游客可穿越此间,尽情领略搏击风浪的情趣,还可登临观景平台,领略湖光山色,尽情享受回归大自然的惬意。春来赏花,夏可避暑,秋观红叶,冬日踏雪。碧波流水浑然天成,乡土菜肴香飘满园。

长胜街景区

"小小黄安,人人好汉。铜锣一响,四十八万。男将打仗,女将送饭。"听完这首脍炙人口的革命歌谣,我们走进"中国第一将军县"红安县。

红安是黄麻起义的策源地,鄂豫皖革命根据地的中心。这里诞生了董必武、李先念两位国家主席,创建了红四方面军、红二十五军、红二十八军三支红军主力部队,走出了陈锡联、韩先楚、秦基伟等223位中华人民共和国的开国将领,红军的第一架飞机从这里起飞,第一家革命法庭在这里成立,第一家苏维埃银行在这里创建,第一所列宁小学在这里举办等。

那么,一个小小的山区县,是怎么创造出了这么多的"奇迹"呢?这里的每一处景点无时不在向人们展示着昨天波澜壮阔的革命史诗,这里的每一件文物无时不在向人们传唱着"万众一心、为党为民、朴诚勇毅、不胜不休"的红安精神。

在七里坪镇，沿着石板路走到长胜街中段时，会看到一排面阔五间的建筑，该建筑与周围建筑迥然不同，格外醒目。站在门前，黑色的木墙透出它的沧桑，挺拔的木柱显露它的雄伟，宽阔的前廊展示它的大气，这里就是中国工农红军三大主力之一的红四方面军指挥部旧址。1983年11月，红四方面军总指挥部旧址被列为红安县文物保护单位；1988年1月，作为七里坪革命旧址群的一个文物点被列为全国第三批文物保护单位。

此处原为红安县苏维埃政府办公用房。1931年11月7日，红四方面军在七里坪成立，总指挥部设立于此。张国焘、陈昌浩、徐向前等鄂豫皖根据地的重要领导人多次在此召开军事会议，著名的黄安战役等在这里运筹和部署，徐向前、陈昌浩曾居住在旧址的后厅。

红四方面军指挥部原旧址毁于战火，后居民在此建房居住，1993年收归国有，由国家文物局拨专款，湖北省文物考古研究院负责对其进行原貌恢复。现旧址进门处是徐向前元帅于1987年9月题写的"红四方面军纪念馆"馆名，这是对曾作为红四方面军总指挥的徐向前元帅对红四方面军为中国革命所做贡献的充分肯定，也饱含着他对红四方面军一起出生入死战友的深切怀念。

人间四月天　麻城看杜鹃

麻城位于湖北省东北部、大别山中段南麓、鄂豫皖三省交界处。麻城位于武汉、郑州、合肥的地理中心，长江经济带与京九经济带的十字交叉处，大广、麻武、麻竹、麻阳、沪蓉5条高速公路和京九、沪汉蓉、汉麻3条铁路在这里交汇，是大别山地区交通枢纽城市。

群英荟萃，千秋文脉润古今。麻城历史悠久，人文底蕴丰厚。晚唐时期，著名诗人杜牧曾途经麻城杏花村，写下"清明时节雨纷纷，路上行人欲断魂"的诗句；北宋时期，文坛巨擘苏轼在麻城歧亭拜访隐居在此的陈季常，留下了《方山子传》这一千古名篇；明代著名的思想家、文学家李贽曾在麻城的九龙山下著书讲学，留下《焚书》《续焚书》等巨著；清代廉吏于成龙也曾在此施政。麻城还是中国历史八大移民圣地之一，是元末明初至清代中期的移民出发地和集散地。

英雄辈出，红色劲旅震乾坤。麻城是大别山革命老区核心区，"黄麻起义"的策源地，刘邓大军"千里跃进大别山"的发生地。在这里诞生了红四方面军、红二十五军、红二十八军三支红军主力部队，走出了王树声、许世友、陈再道等49位将军，"全国第一将军乡"乘马岗镇出了26位将军。全市现有23家爱国主义教育基地，多处革命遗址遗迹和红色旅游景点。

花团锦簇，四季芬芳纳远游。近年来，麻城聚焦花经济，厚植花文化，有杜鹃花、菊花、茶花、杏花、玫瑰花"五朵金花"，还有桃花、牡丹、郁金香等竞相绽放，一年四季各放异彩，将城市装点得生机盎然。"人间四月天，麻城看杜鹃"，"天下第一神龟"龟峰山上有中国面积最大的古杜鹃群落，四月鲜艳火红的杜鹃花海，吸引着国内外众多游客慕名前来。

山川秀美，全域胜景浸人心。麻城拥有龟峰山景区、五脑山国家森林公园、孝感乡文化园、麻城烈士陵园4个国家AAAA级旅游景区，麻城博物馆、杏花村、菊香人家等7个国家AAA级旅游景区，还有国家湿地公园凤凰湖、国家水利风景区巨龙湖，国家重点文物保护单位柏子塔、雷氏祠，以及其他许多各具特色的乡村旅游点，徜徉其间，让人流连忘返。

麻城山水相依，红绿相宜，真诚欢迎大家前来麻城，欣赏全域美景，品味历史人文，体验民俗风情。春赏花、夏避暑、秋品菊、冬品美食、四季乐游、乐享无穷，赏心乐事何处觅，繁花美景伴麻城，欢迎来麻城收获一段愉悦旅程，享一番快意人生！

龟峰山景区

龟峰长寿山，醉美杜鹃花！龟峰山是国家AAAA级旅游景区，灵秀湖北十大新秀之一，国家生态旅游示范区，位于大别山中段南麓。龟峰山由神奇的龟首、雄伟的龟背和形象逼真的龟尾等九座山峰组成，最高处海拔1320米，是大别山主峰之一。景区标志性的奇特景观——"天下第一龟"，其神形酷似一只翘首问天的万年巨龟，从而得名龟峰山。龟背岭上生长着连片面积超60平方千米的千年野生古杜鹃，每到五一前后，盛开的杜鹃花将整个景区笼罩在花的海洋之中，漫山遍野的红杜鹃似锦如霞，暗香浮动，摄人心魄，被誉为"华中杜鹃第一山"。

景区以奇、险、峻、秀的自然景观和四季分明的春、夏、秋、冬景色吸引八方游客。春天，看漫山遍野的红杜鹃，看龟峰旭日，踏青；夏日，休闲避暑，品新茶，看民俗风情表演；金秋，山上万紫千红、层林尽染，赏红叶，登高，采野果，其乐无穷；冬季，在银装素裹的白雪世界里踏雪寻梅，还可以烤蔸子火，喝老米酒，吃吊锅。景区主要有神奇龟首、万亩杜鹃花海、杜鹃花王、千年古寺能仁寺、抗战遗址、雁门寨、杜鹃博览园等三十多处景点。

视频：龟峰山景区

"此山潜宝物，前进莫踌躇。"随着大别山电厂的落地兴建和"三纵三横"的铁路与高速公路在麻城扭结，老区麻城北达京津，南连港澳，东接沪宁，西通巴渝，一跃成为"得中独厚"的新兴文化枢纽城市，成为武汉大城市圈名副其实的后花园旅游观光城市。龟峰山将与庐山媲美，"龟峰旭日"胜景将与"泰山日出"同辉，真正成为中华大地上一颗璀璨夺目的风光旅游明珠！

▶ 龟首

神奇龟首是大自然赋予人类的自然瑰宝，也是景区标志性的奇特景观。它是由一块巨大的裸露花岗岩石形成的山体，俊俏挺拔、气势宏伟，海波1260米，堪称世界地质奇迹。据传，登上龟首、沾神龟之灵气，胆量倍增，且延年添寿，故又名添寿顶。

▶ 拜寿台

拜寿台原名观景台，这里是近距离观赏龟首的最佳地点。每当旭日冉冉升起时，似水波吞吐的万道金光五彩缤纷，即"龟峰旭日"的神奇景观，这是麻城"三台八景"之一。唐太宗李世民曾赋诗一首："乾坤造化有神功，胜地安然气象雄。马迹应开苍石上，龟头横插白云中。"

▶ 杜鹃花海

龟峰山的核心景点是杜鹃花海。在龟背岭上有分布集中、保存完好、连片面积超60平方千米，生长周期上百万年的原生态古杜鹃群落。每年四五月份，龟峰山的杜鹃花就争奇斗艳地盛开了，一山连一山，都被这犹如红地毯般的杜鹃花覆盖，整个山峦如一片红色的海洋，远看就像一座火焰山。人们把这种红色的杜鹃花叫映山红，因花开时那种如火如荼的鲜亮光彩把整座山都染红了。北宋诗人杨万里曾礼赞过映山红这种质朴高雅的品质："何须名苑看春风，一路山花不负侬。日日锦江呈锦样，清溪倒照映山红。"白居易诗曰："闲折两枝持在手，细看不似人间有。花中此物似西施，芙蓉芍药皆嫫母。"由此可见，杜鹃花具有极高的观赏价值。

2010年，麻城成功举办了杜鹃花国际学术研讨会，来自世界各国的40多位专家相聚在麻城。2009年，管开云教授提出，龟峰山是他见到过的映山红这种杜鹃分布最集中、林分结构最纯、种群面积最大、树林最古老、保存最完好、株型最优美、景观最壮丽的自然群落，令人眼界大开，堪称世界奇迹，真可谓麻城杜鹃甲天下。

▶ 杜鹃花王

在杜鹃花海里生长着一棵神奇的杜鹃树——杜鹃花王。也许是大自然对龟峰山的宠爱，偏将这一棵奇树播撒到了这里。据专家考证，它已经有600多年的树龄了，它是同一个蔸同一个根上长出56枝的杜鹃树。56，一个有着特殊象征意义的数字，"五十六个民族，五十六枝花，五十六个兄弟姐妹，五十六种语言汇成一句话——爱我中华。"2009年，龟峰山景区与保险公司签订协议，为其投保960

万元,记录在中华民族960万平方千米的国土上同一个蔸同一个根长出56枝杜鹃树,象征着中国56个民族大团结,共根相系,血脉相连,为实现中华民族的伟大复兴而凝聚在一起。

▶ 杜鹃博览园

杜鹃博览园位于美丽的龟峰湖畔,这个恢宏的玻璃建筑物因其外形酷似北京的鸟巢,被众多游客赞为"湖北鸟巢"。园区坐落在一块绝好的风水宝地上,占地10000余平方米,主体为全开启自动温控玻璃结构,温室大棚主要承担着杜鹃盆景的培育、生产工作。该园于2011年4月开工建设,2012年4月开园,园内有大金凤、万紫千红、子子孙孙、醉酒西施、人面桃花、丽香、菊瓣等500余个国内外稀有的杜鹃盆景品种,花根古老、造型奇特、色彩丰富、形态多姿,集观赏、休闲、科考于一体,是理想的观花、品花、咏花佳地。

▶ 龟峰峡

龟峰峡位于麻城龟峰山景区北门，整个峡谷没有一步台阶，全程蛇形栈道盘石而上，栈道全长约4千米。峡谷是峭壁所围住的山谷，由河流长时间侵蚀而形成。峡谷的形成，经历了漫长的时间，峡谷的险、峻，更是难得的美景。登蛇形栈道，走竹林小路，漫步林间天池，感受心灵的放松。景区栈道走完后有一条原生态的穿越路线可以绕行下山，途中会经过天然的悬崖栈道、竹林小路、茶厂林海、村落、古树，可远眺龟尾峰、茶园等天然景点。尤其令人惊叹的是，每到阳春三月，千亩野樱花相继盛开，大面积的野樱花颜色或白、或淡红、或鲜红，漫山遍野、婀娜多姿，给人以强烈的视觉震撼。一簇簇樱花，远远看上去，就像是晨曦微露的朝霞。野樱花洁白如云，好像朵朵白云飘过山间。

● 麻城烈士陵园

麻城烈士陵园位于麻城市区陵园路，是为了纪念黄麻起义和缅怀鄂豫皖苏区革命先烈的英雄事迹而修建的，于1977年动工兴建，1979年纪念黄麻起义52周年时正式落成，1980年对外开放，占地面积8.6万余平方米。经过两次大规模的改造建设，目前园内主要烈士纪念设施有"一碑一园一墓两场四馆"，即黄麻起义和鄂豫皖苏区革命烈士纪念碑、将军园、王树声大将墓、烈士纪念广场、李硕勋烈士纪念广场、鄂豫皖红军发展史陈列馆、大别山红廉文化馆、麻城革命纪念馆、王树声纪念馆。

麻城烈士陵园被批准为全国重点烈士纪念建筑物保护单位、国家AAAA级旅游景区、全国爱国主义教育示范基地、国家国防教育示范基地；列入全国30条红色旅游精品线路和100个红色旅游经典景区；2021年荣获"灵秀湖北·十佳红色旅游经典景区"。

麻城烈士陵园

景区内烈士纪念设施与园林、绿化等配置协调，相互衬托。苍松翠柏环绕，四季鸟语花香，气氛庄重典雅。纪念馆展陈翔实，红色资源丰富，是广大党员干部学习党的历史、加强党性锻炼和党风廉政教育、开展主题教育活动的重要场所，是广大青少年开展爱国主义和革命传统教育、培养爱国情感、培育民族精神的重要课堂，是广大人民群众缅怀凭吊先烈、陶冶情操的重要场地。

▶ 黄麻起义和鄂豫皖苏区革命烈士纪念碑

黄麻起义和鄂豫皖苏区革命烈士纪念碑占地面积800平方米，于1979年建成，2007年进行改扩建。纪念碑高27.11米，象征1927年11月13日爆发的黄麻起义。整座纪念碑由花岗岩条石砌成，正面是华国锋同志的题词——黄麻起义和鄂豫皖苏区革命烈士纪念碑；南面是徐向前同志的题词——黄麻起义和鄂豫皖苏区革命烈士们不畏艰险不怕牺牲大无畏的革命精神永远活在人们的心中；西面是叶剑英同志的题词——黄麻起义和鄂豫皖苏区革命烈士精神万古长青；北面是李先念同志的题词——革命烈士永垂不朽。碑基座四面镶嵌着反映黄麻起义、红四方面军在鄂豫皖苏区成长历程、苏区人民拥军支前、刘邓大军千里跃进大别山历史场景的浮雕。

▶ 麻城革命纪念馆

麻城革命纪念馆占地面积2200平方米，于1979年建成，是一座仿古式的建筑。2007年进行改扩建，并重新布置了展陈内容。纪念馆的展厅依次分为序厅、红色土地、英烈忠魂、群星璀璨、将军风采五个部分，用文字、照片和文物等生动地表现了麻城人民在长期革命斗争中创建的光辉业绩和建设新麻城的艰辛历程。该馆收录了76位著名烈士、47位麻城籍将军、86位英模等代表人物的资料。麻城革命纪念馆展厅展示了文物及仿制品116件，文史等资料80件。

▶ 王树声纪念馆

王树声纪念馆是为纪念黄麻起义领导人之一、红四方面军副总指挥、开国大将王树声同志而建造的仿古庭院式建筑的纪念馆，占地面积1600平方米，于2007年建成。该馆展厅依次分为序厅、青少年时期、大革命时期、土地革命战争时期、抗日战争时期、解放战争时期、国防和军队现代化建设时期七个部分，以声、光、电等多种展现手法，展示了王树声同志从一个农村山区小学教师成长为共和国开国大将的历程和他波澜壮阔的一生。纪念馆内展陈有王树声同志生前所配专车一辆（一汽1968款红旗牌轿车）。展厅展示了文物及仿制品85件，文史等资料95件。

▶ 鄂豫皖红军发展史陈列馆

鄂豫皖红军发展史陈列馆占地面积1200平方米。展陈内容由序厅、大别山上有红军、风卷红旗漫川陕、抗日战场逞英豪、中原狼烟靖寰宇、旌旗猎猎勇三军六个部分组成。以在新民主主义革命时期鄂豫皖大别山地区人民为反抗国民党反动派，发动武装起义，先后组建的红军队伍为主脉络，通过照片、文字、塑像、实体文物，以声、光、电等多种展现手法，详细介绍了从鄂豫皖苏区走出的红四方面军、红二十五军、红二十八军在血与火的战斗中，从发展到壮大的艰苦历程，展示了这三支铁的红军和大别山区人民，以及众多牺牲的先烈听党的话、紧跟党走、乐于奉献、不怕牺牲的革命精神和他们创建的英雄业绩。

▶ 大别山红廉文化馆

大别山红廉文化馆以大别山红色文化中的廉政元素为表现主题，以大别山地区党风廉政建设的历史脉络、制度规定、人物故事等为陈展对象，用图文画、雕塑、场景等，以声、光、电等展现手法，真实全面地再现了新民主主义革命时期，大别山地区党政军在反腐倡廉建设、纪律建设、作风建设等方面取得的丰硕成果。该馆由序厅、红廉之路、红廉之规、红廉之光、红廉之承五个部分组成，由中共麻城市纪律检查委员会、麻城市监察委员会精心打造，于2019年9月30日建成开馆。

▶ 将军园

将军园占地面积1.1万平方米，是为缅怀麻城籍36位开国将军而建成的墓地。墓地外观及格调统一，墓前基座安放将军半身铜像，墓碑镌刻将军个人生平及主要功绩简介。

▶ 王树声大将墓

王树声大将墓占地面积600平方米，于1994年建成，王树声大将骨灰从北京八宝山革命公墓移葬于此。墓正中是王树声大将的浮雕像，墓型呈"山"字，既象征王树声大将生前战斗过的大别山、大巴山、祁连山、太行山、武当山等山脉，又寓意这位大别山的英雄儿子，百年之后终又回到了大别山母亲的怀抱。

▶ 烈士纪念广场

历史不能遗忘，先烈功绩永存。烈士纪念广场占地面积8000平方米，主体建筑墓墙上镌刻着不同革命时期英勇献身的12538位革命烈士英名，记录着他们永不消逝的青春。

▶ 李硕勋烈士纪念广场

李硕勋烈士纪念广场是为了纪念著名烈士李硕勋同志而修建的，占地面积500平方米，于2007年建成。广场中间是李硕勋烈士全身汉白玉雕像，雕像基座正面是邓小平同志的题词——李硕勋烈士永垂不朽。雕像后面是游廊式纪念亭,亭子照壁黑色花岗岩石上雕刻着李硕勋烈士生平简介、党和国家领导人以及李硕勋烈士生前好友的题词。

五脑山国家森林公园

　　大家一定好奇为什么叫作五脑山,其实在麻城方言里,山峰叫作山脑,而五脑山是由五座山峰组成的,分别是凤凰脑、鸳鸯脑、黄狮脑、双虎脑、金狮脑,所以取名为五脑山。

　　五脑山五山相连,峰峦俊秀,距离麻城市区约4千米,总面积约24平方千米,森林覆盖率高达95%,素有城市绿肺之称,是一个以森林观光、科普为主,以休闲、度假为辅的城市森林公园,有动人的神话传说和迷人的乡土风情。

音频:五脑山国家森林公园

　　五脑山国家森林公园分为八大园区,分别是华中面积最大的茶花大观园、五彩缤纷的花之梦菊花园、独特的紫薇园、万亩低山杜鹃园、麻姑文化体验园、户外拓展园、珍稀动物园以及现代农业体验园。近年来,五脑山国家森林公园以园林城市的创建为契机,以举办茶花节、菊花展为载体,成功打造以菊花、茶花为主要特色的旅游景区。

▶ 茶花大观园

茶花大观园始建于20世纪60年代，大规模建设在2009年后，是在油茶上通过嫁接改造而成。茶花开花于冬春之际，花姿丰盈，端庄高雅，是中国传统十大名花之一，既有陆游笔下"东园三月雨兼风，桃李飘零扫地空。唯有山茶偏耐久，绿丛又放数枝红"的傲梅风骨，又有"花繁艳红，深夺晓霞"的凌牡丹之姿。茶花自古以来就是极负盛名的花卉，在唐宋两朝达到了巅峰，17世纪引入欧洲后也引起轰动，因此获得"世界名花"的美名。

金庸在其小说中有过描述：大理有一种名种茶花，叫作"十八学士"，一株上共开十八朵花，朵朵颜色不同，红的就是全红，紫的便是全紫，绝无半分混杂，而且十八朵花形状朵朵不同，各有各的妙处，开时齐开，谢时齐谢。五脑山的茶花主要有三大特色：一是面积大，共2平方千米；二是茶花王——万朵佛鼎茶，花量创下吉尼斯世界纪录；三是茶花新品种"麻姑仙子"于2013年在中国茶花命名统一登录委员会注册。相传一年大雪，麻姑独自一人在梳妆台下流泪，第二天，麻姑泪水流过的地方开出鲜艳的花朵，成了今天的佛鼎茶花园，于是人们都说五脑山鲜艳的茶花是用麻姑眼泪浇灌出来的。

这里的每棵茶花树干上都挂着一个二维码牌子，这个二维码牌子的作用就是利用大数据系统对每株植物进行实时管理，通过扫描二维码可实时查询植株的生长状态、培育过程等。

人工水库虎形海因其形状像一只熟睡的老虎而得名。茶花大观园就位于虎头的位置，山临水，水映花，别有一番意境。

精品茶花园里的茶花全部是从外地引进的原生态、未经改造的茶花植株，经过整体设计，配置园林景观，给大家一种美感体验。而前面观赏的茶花都是在五脑山原有油茶的基础上嫁接的。

▶ 紫薇园

整个园区占地面积约0.02平方千米，以紫薇造型为特色，以二龙戏珠、十二生肖为主题。紫薇长廊全长450米，紫色、纯白、粉红、桃红等各种颜色的紫薇花争相竞艳。

说起紫薇，它有三趣：

一是无皮的干。凡树皆有皮，独紫薇树干无表皮，实为一奇。幼龄的树干原本有表皮，只是生生脱脱，去去留留，及至长成，树皮片皮不留。

二是怕痒的树。紫薇因怕痒而有"痒痒树"之称。用手轻轻挠树枝，叶片和花朵就会微微抖动，好像人们被挠时发笑的样子。其实所谓"怕痒"，是因为紫薇的枝条柔软，轻触一下就会引起抖动，花叶随之震颤。

三是长开的花。俗语说："人无千日好，花无百日红。"紫薇花却独树一帜，从每年的七月至十月花开不断。因此，紫薇花又有"百日红"的雅称。宋代诗人杨万里写诗赞道："谁道花无百日红，紫薇长放半年花。"

在中国民间有一个关于紫薇的传说。在远古时，有一凶恶的野兽名叫年，它伤人畜无数，于是紫微星下凡，将它锁进深山。为了监管年，紫微星便化作紫薇留在人间。麻城的紫薇从唐代开始，到宋代更为盛行。

▶ 花之梦菊花园

花之梦菊花园占地面积 0.2 平方千米，核心展区 0.08 平方千米，展出 1000 多个菊花品种，设置多个五色草和菊花造型。整个展区位于青山绿水之间，青山是背，绿水为邻，空气清新，菊花烂漫。菊花园三面被青山包围，平地像一双捧着的手，中间是一个圆球一样的山包，寓意是双手托起绿色的梦想，这就是"花之梦"名字的由来。五脑山国家森林公园每一个景点的打造都有文化寓意，体现了麻城深厚的文化底蕴。

麻城孝感乡文化园

视频：麻城孝感乡文化园

麻城历史上有个地名叫孝感乡，麻城孝感乡是中国古代八大移民圣地之一，明清时期的"湖广填四川"移民运动就发源于此，素有"湖广填四川，麻城占一半"之说。从麻城迁徙出的移民们，用智慧和汗水在新家园创业兴邦、繁衍生息，其中涌现了一大批杰出代表：明代弘治年间武英殿大学士杨廷和、明代正德年间状元杨慎、明代思想家来知德、明代战将秦良玉、清代康熙年间户部尚书张鹏翮、民国元老张群、著名烈士李硕勋、著名烈士罗世文、国务院原总理李鹏、国防部原部长张爱萍、全国人大常委会原委员胡代光、四川省作家协会第九届主席团名誉主席马识途等。

麻城是闻名于世的科举之乡，早在宋代就兴建了"学宫"，将"惟读惟耕""劝读劝耕"作为家族发迹的立世名言写进族谱，传于子孙。正是这些立世名言，成就了麻城科举的繁荣。历史记载，麻城先后有 193 人考取文武进士，788 人考取文武举人，仅明代进士就多达 136 人。

麻城也是名扬天下的孝善之乡，孝善文化薪火相传，孝行善举层出不穷。忠勇孝善的淳朴民风伴随着麻城移民的脚步自古传承至今，形成了寻根问祖、扎根固魂的孝善文化。这里不仅有汉代赵咨以孝感盗的大孝故事，也有东晋后赵麻姑因救民而成仙的大善传说。千百年来，麻城人以自己的朴实言行，谱写了一曲又一曲感天动地的孝善之歌，孝善文化在麻城这片土地上根深蒂固。

在中央做出加强文化建设的重大部署后，麻城市委、麻城市人民政府抓住契机，充分挖掘和展示麻城历史地域文化，传承孝善家风，弘扬社会主义核心价值观，促进麻城旅游产业转型，提升麻城旅游经济发展，在科学论证的基础上，按照"川渝老家、市民乐园、文化窗口、艺术殿堂、城市客厅"的总体定位，以"移民文化为主、科举文化为辅、孝善文化为魂"的总体思路，借市场之力精心打造了麻城孝感乡文化园。

文化园地处市区中心，占地面积约 0.83 平方千米，总投资 12 亿元，集食、住、行、游、购、娱、体于一体，是国家 AAAA 级旅游景区、中国楹联文化景区、黄冈市爱国主义教育基地、黄冈市中小学生研学实践教育基地。

▶ 移民文化轴

移民文化轴全长 618 米，坐北朝南，建筑面积 28000 平方米，由 13 个单体建筑组成，依次为入口门楼、风水桥、入口牌坊、麻邑四乡坛域图、祭祀斗旗坊、殿前广场、祭祖大殿、谱堂、环宇尊亲坊、福寿斗旗坊、麻城移民博物馆、远瞻亭和思乡台。

【入口门楼】

入口门楼是公园南大门，也是文化园三轴之一移民文化轴的起点，是整个公园的形象标志。整座入口门楼占地面积 430 平方米，建筑面积 230 平方米，其主体为明清式门楼，共五间，明间为入口大门，两次间为次门，两梢间为住房，清式五踩斗栱挑出飞檐支撑屋面，明间为重檐结构，屋面装饰灰陶瓦及各种构件（正吻、正脊、斜脊、博脊、垂兽、戗兽、翘角等），雕梁画栋、造型古朴典雅，是整座文化园的形象标志。

【风水桥】

风水桥占地面积约 220 平方米，高 2.47 米，桥身长 17.28 米；由三个拱桥组成，每个拱桥装有精美石栏杆，桥头装有看护神兽，地面铺石板，中间官道不设台阶，车马可走。

【入口牌坊】

入口牌坊是一座八柱五间七楼式的奉先继序牌坊门，边柱前后呈八字形分布，建筑石材取材于麻城当地的花岗岩，上面雕刻的图案是麻城古代宗族祭祀的场景。牌坊正面匾额"奉先继序"四个字，是由中国书法协会原分党组书记陈洪武题写的。牌坊在古代是祠堂的附属建筑，用来昭示家族先人的丰功伟绩和高尚美德，奉先继序牌坊寓意着子孙后代要侍奉先祖，承继先代功业。

【麻邑四乡坛域图】

麻邑四乡坛域图是一座石雕印章，印章按照麻城明清时期的文物"翻天印"以 1:100 的比例复制，采用麻城当地花岗岩雕刻而成，其内容为明初麻城地图，标明了麻城四乡的名称和位置。"翻天印"是麻城古代丧葬风俗中道士坛醮时必用的一种印章，用来盖在纸钱上，好让故去的麻城移民先祖能够有路可循、魂归故里。该印章的出现为麻城孝感乡的真实存在、地理位置提供了有力的证据。

【祭祖大殿】

祭祖大殿位于殿前广场正面，两侧是祭祀亭。祭祀亭占地面积197平方米，高14.3米，建筑样式为四拱门带须弥座重檐悬山四角亭，在其220平方米的基座上分别用汉白玉雕刻水、陆两路移民进川的场景，表现了移民历尽艰辛依然勇往直前的精神。

【谱堂】

谱堂是一座具有浓郁荆楚风格的两层建筑，占地面积500余平方米，建筑样式为金刚墀头硬山屋面样式，中间大门采用麻城地区特有的、向内缩进式、四柱三间五楼式牌坊门，山墙采用龙身凤尾的滚龙脊。堂内主要展示麻城的姓氏文化、族谱文化、宗族文化等，设置族谱展示厅、查询厅和制作厅，为家谱对接提供了极大的方便。

【麻城移民博物馆】

麻城移民博物馆是一座庭院式两层建筑，建筑面积3000平方米，大门为四柱三间五楼式门脸，三级跌落式屋顶，造型美观。馆名由中国现代著名作家、四川省作家协会第九届主席团名誉主席马识途题写，他是麻城优秀移民后裔的代表。整座博物馆共分为两个庭院、三个展厅，通过图片、实物、文字，以声、光、电等多种展示方式详细介绍了麻城500年来的辉煌移民史、麻城孝感乡的历史由来以及麻城古代和近现代移民后裔杰出代表。

▶ 科举文化轴

科举文化轴总长393米，坐东朝西，由8个单体建筑组成，建筑结合古代文庙、学宫特点，自西向东依次是入口门楼、棂星门、太和元气坊、状元桥、钟鼓楼、进士堂、文昌阁、风雨长廊，轴线最后与孝善楼相接。

【入口门楼】

入口门楼是公园的西大门，占地面积190.18平方米，建筑面积69.35平方米，高7.63米，由左、右两个仿古门楼和中间的巨型卷轴石刻组成。巨型卷轴石刻是仿古圣旨式样，以立体雕刻手法呈现麻城科举文化序言。

【棂星门】

进入西大门，迎面就是棂星门，棂星门为四柱三间三楼冲天式牌坊，高10.2米。正中间金黄色的"欞星门"（"欞"为"棂"的繁体）三个大字，取自清代乾隆皇帝的墨迹。棂星，又名天田星。《后汉书》记载，汉高祖祭天祈年，命祀天田星。天田星是二十八星宿之一"龙宿"的左角，主管人兴国旺，门以"棂星"命名，寓意人才辈出，为国所用。

【状元桥】

状元桥长15.6米，中间桥身宽2.2米，桥头装有抱鼓石，是根据古代官学的标志性建筑泮水桥来建造的。中间饰有立体浮雕石龙，桥底的半月形水池名为泮池，设泮池以蓄水，希望莘莘学子从圣人乐水、以水比德中得到启示，振兴学业。

【进士堂】

进士堂占地面积 654.84 平方米，高 16.66 米，通进深 21.4 米，通面阔 27 米，建筑样式为五间三进深重檐歇山大殿，大殿四周带廊，台基座为石砌台明，上部装有石栏杆，属于官式建筑。正中间上面的牌匾"进士堂"是根据北宋著名文学家、书法家、画家苏轼的墨宝篆刻的。

【文昌阁】

文昌阁占地面积 627 平方米，建筑样式为庭院式，由前厅、正殿和两个配殿组成，正门匾额由著名书法家王冬龄题写，主要功能是祭祀魁星、文昌帝君，展示麻城历史上的昌盛文风。

【风雨长廊】

风雨长廊由儒林毓秀、文采风流亭、活气纵横亭、高山仰止亭、天香云外亭外加游廊连接组成，全长 127.6 米，属明清式官式建筑。游廊的横梁上以彩绘的手法，展现"麻城精英""崇文重教""名士风流""清官名吏"的人物事迹。

▶ 孝善文化轴

孝善文化轴是文化园的北大门，位于麻城文化小镇的中轴线，轴线终点为孝善楼，与移民文化轴、科举文化轴相交。整条轴线由孝行天下牌坊、孝善广场及"上善若水""辉煌史诗""杜鹃啼血""唯善为宝"景观、孝善楼组合而成，表现了"百善孝为先，孝行天下"的精神传承。

【孝行天下牌坊】

孝行天下牌坊上方的孝、善二字结合中国古代文字艺术，抽象地表达在牌坊上，其立柱顶上的望天吼，在华表上寓意为"望君归"和"望君出"，在此代表麻城文化的开拓与回归，也代表迎来送往、喜迎八方宾客的麻城真情。

【唯善为宝】

引据《大学》中"楚国无以为宝，惟善以为宝"的善文化典故而建，象善鼎雕塑由四只重达 100

吨的花岗岩吉祥大象石雕托起一个金色宝鼎，宝鼎由四个古体"善"字结合楚人擅舞图纹镂空雕刻而成。古体"善"字，由"羊"和"言"组成，代表吉祥言语，也是楚人祖先"芈"姓图腾。宝鼎不仅气势磅礴，且寓意楚人向善，唯善为宝。

【孝善楼】

孝善楼为多角多檐外四内五型阁楼式建筑。楼共5层，为全木结构，下设2层月台，总高度为46米，楼内主立柱8根，直径约0.8米，最高柱柱长32米。孝善楼作为全国唯一一座以孝善文化为主题的楼阁，是麻城的重要文化地标，展现了麻城由古至今的孝善精神，着力营造全民崇孝为善的氛围，弘扬尊老爱幼、邻里友爱、社会和谐的良好风气。

麻城博物馆

麻城博物馆于2004年迁建于麻城烈士陵园广场南侧，是一座仿汉代城堡结构建筑。馆藏文物达12634件，其中国家一级文物9件，二、三级文物共282件。麻城博物馆共四层，其中二、三层陈列了七个单元。以下内容将带领大家重温那段光荣的革命历史，领略大别山红色峥嵘岁月。

1840年鸦片战争后，帝国主义列强铁蹄践踏中华大地。从此，泱泱大国主权被侵犯，财富被掠夺，领土被瓜分，人民受凌辱。民间反抗斗争此起彼伏。辛亥革命中，一批麻城籍爱国志士为反帝反封建而舍生取义，成为民主革命先驱。

1921年中国共产党成立，饱受帝国主义、封建主义压迫的麻城人民在党的领导下，爆发出了前所未有的革命热情和无畏精神。从大革命时期农民运动如火如荼，到黄麻起义反抗国民党的反动统治，建立工农武装割据。从弱小的游击队，到建立新四军第五师，开创鄂豫皖边区抗日根据地；从刘邓大军千里跃进大别山，到击退国民党反复围攻，建立地方人民政府……麻城人民紧跟党走，在积极组建革命武装和政权的同时，大力配合和支援全国的革命主力军队，为争取国家独立、民族解放以及民主自由，进行了艰苦卓绝、不屈不挠的斗争，最终赢得了革命的胜利以及自身的解放，数以万计的革命志士奉献了青春热血和生命。这是麻城悠久历史中最辉煌的一页，也是教育今人开创未来的生动教材，值得我们永远回顾。

1921年7月，毛泽东、董必武、陈潭秋等13人代表全国50多名党员，在上海出席中国共产党第一次全国代表大会，正式成立中国共产党。黄冈的一大代表董必武、陈潭秋还创办了武汉中学（原名私立武汉中学校），作为宣传马克思主义、培养革命青年的基地。

1927年5月，中共麻城县委决定组建县农民自卫军，由3个排、3条半枪，200多人组成。

黄麻起义是在1927年11月13日夜晚开始的。14日凌晨，黄安、麻城两县的起义大军里应外合，武装夺取了黄安城。起义胜利后，成立了黄安县农民政府，组建了中国共产党领导的革命武装——中国工农革命军鄂东军。以黄麻起义为开端，后来转战木兰山，开辟以柴山保为中心的武装割据，最终发展成为强大的红四方面军。在那段白色恐怖的日子里，麻城县委转移到麻城北部继续开展斗争。中共麻城县委书记蔡济璜、刘文蔚等不幸被捕，英勇就义。蔡济璜生前写下"明月照秋霜，今朝还故乡。留得头颅在，雄心誓不降"的诗句，至今广为传诵。

王幼安是麻城最早的共产党员。他为我军购买了一批枪支，将其装在棺材里，搬运途中被敌军发现，不幸被捕，时年32岁。他的就义诗"马列思潮沁脑骸，军阀凶残攫我来。世界工农全秉政，甘心直上断头台"传遍全国。

1930年春，中央派郭达申到鄂豫皖边区任特委书记，将黄麻起义、商南起义和六霍起义的三支队伍，合编为中国工农红军第一军，至此鄂豫皖革命根据地初步形成，"七七卢沟桥事变"使国共两党达成"停止内战，一致抗日"的共识，大别山红二十八军改为新四军第四支队，东进抗日前线。1938年4月，张体学参与组建鄂东抗日游击队。10月23日，鄂东抗日游击挺进队成立，张体学任大队长。

1939年春，党中央派李先念等同志先后来到鄂豫皖边区，将各地分散的游击队统一改编为新四军鄂豫挺进纵队。1940年1月，5大队编入鄂豫挺进纵队；1941年4月10日，又奉命改编为新四军第五师，李先念任师长。新四军第五师在大力宣传团结抗日的同时出击敌后，捷报频传。

1945年8月，日本败局已定；8月11日，李先念领导的鄂豫皖军区暨新四军第五师发出对日本驻军通牒，限令其无条件投降。抗战胜利后，对中原大地虎视眈眈的蒋介石坚持独裁专制并发动内战，调集30万大军妄图一举歼灭我中原部队。在国民党发动总攻时，中原军区部队发动突围战役，由此揭开了解放战争的序幕。

1949年3月11日，鄂豫皖军区独立师师长率部队攻入麻城，不久第二野战军四兵团司令员陈赓、十三军军长周希汉率领十三军进抵麻城，激战于牛坡上。至3月底，麻城全境解放。

中华人民共和国成立后，在党和国家领导人的亲切关怀下，具有光荣革命传统的麻城人民，满腔赤诚，意气风发，勤劳勇敢，医治战争创伤，建设美好家园，谱写了社会主义建设新篇章。

改革开放后，老区麻城又步入了新的发展时期，政治、经济、文化和社会建设取得了巨大成就，各行各业欣欣向荣；城乡面貌日新月异，在以习近平同志为核心的党中央坚强领导下，麻城人民满怀信心，高举中国特色社会主义伟大旗帜，齐心协力，构建和谐家园。

一代又一代麻城人经过艰苦奋斗、努力拼搏，正在努力把麻城建设成红色古城、杜鹃花城、交通新城、特产名城。

菊香人家

麻城菊香人家景区位于湖北省麻城北部，106国道旁，是集菊花种研、科普、观光游览、休闲养生于一体的国家AAA级旅游景区。

菊香人家景区；现收集国内外五大类三十型菊花品种2300余种，是国内较大的菊花种植基地。大型室内花艺展厅占地面积2000余平方米，四季均可举办大型花卉展览；菊花养生馆可为游客提供菊花泡澡、菊花洗脚等菊花养生体验，并开展菊花养生讲座；菊香人家生态餐厅占地面积1200余平方米，可同时接待500人就餐，同时推出有机绿色餐饮、特色菊花宴，让游客尽情享受菊花灿烂的餐饮文化；3000平方米的婚庆广场、20000多平方米的山泉水面、4000平方米的宾馆及旅游土特产超市，为游客提供吃、住、行、游、购、乐的良好场所。菊香人家景区每年举办的花展有春季的郁金香花展、夏季的荷花展、秋季的大型菊展、冬季的年宵花展，让游客一年四季都可以尽情欣赏大自然的美景！

纯阳大峡谷

纯阳大峡谷位于麻城北部，举水河源头，长江、淮河的分水岭，与河南、安徽交界。106国道贯穿纯阳，该景区是鄂东少有的原始峡谷生态景区。峡谷谷长 8.1 千米，最窄处宽仅 4.8 米。起源于纯阳山主峰的纯阳溪，贯穿整个峡谷，山涧流水淙淙，清冽甘甜。

相传很早以前，纯阳大峡谷的龙潭边有一姓周的老汉，仗着自己有 7 个儿子，独霸河口那股小溪。有一年恰逢大旱，正当几个农民跪地求他让点水时，天起乌云，大雨倾盆而下。阵雨过后，周老汉傻眼了，别人家的田里都灌满了水，唯独他家的田里滴水未见。一连 3 天如此，周老汉又气又急，一病卧床不起。朦胧中他见一位白眉白胡子老者对他说："霸水不如若水，作恶不如作善。"老汉惊醒时，正遇吕洞宾云游扮成老道上门讨水喝，他便向道士诉说这件怪事，请求指点。吕洞宾正色道："那是太上老君点化你，做人要像水一样善良，人善人欺天不欺，人恶人怕天不怕。"说完飘然而去，老汉惊得一身冷汗，醒悟后便唤来儿子们，到河口拦河筑堰，帮乡亲们引水灌田。一连苦干数月，建成一座大堰。后来，周老汉常常带儿孙们对着那形似"老子问天"的山石磕头跪拜，告诫儿孙们谨记"上善若水"的教诲。

千余年后，堰在传说在。20 世纪 70 年代大兴水利，福田河全镇人民用肩挑背扛的方式在原址筑起了今天的大堰口水库。

峡谷中有天然野生的繁荫古树、耀眼杜鹃、神奇草药等，松、枫、杉、竹、茶等各种植物达 1800 余种。

在峡谷内，你或许会偶遇岁月雕琢过的嶙峋怪石，也可以领略自然孕育出的奇花异木，还可以欣赏人工修缮后的秀美景观。"峡谷彩虹""蛙王唱春""龙潭飞瀑"等诸多景点，美不胜收，乐趣无穷。

时光定格，精神永存。2015 年 9 月 3 日是中国人民抗日战争暨世界反法西斯战争胜利 70 周年，是中国首个法定的"中国人民抗日战争胜利纪念日"，纪念的主题是"铭记历史、缅怀先烈、珍爱和平、开创未来"。恰逢时年清明，纯阳山烈士纪念碑修缮落成之际，现场 200 余名老少童叟共同见证：雷彻云霄，天降喜雨，雾散云开。或许烈士有知，革命先烈有灵。不能忘记的是在 1946 年 8 月，南下工作队 18 名战士（山东莱芜籍 16 名，河南新县籍 1 名，其中女性 1 名，后被纯阳山道观万高松道长营救，幸免于难）深入敌后，为千里跃进大别山开辟敌后战场。工作队遭遇地方土匪袭击，终因弹尽而退守周河碉楼坚持战斗，后全遭敌人捕获，活埋于纯阳山战壕之中，惨烈殉难。为传承记忆，早在20世纪60年代，原两路口人民公社为怀念先烈，在原殉难处建成烈士墓群，辟地纪念。值抗战胜利70周年纪念日之际，麻城市人民政府重迁烈士陵寝，颂扬他们的献身精神，激励民众，特立烈士纪念碑，永志纪念。

纯阳山游客接待中心投资千万余元，占地面积达3000平方米，可一次容纳400余人餐饮住宿、会议及休闲娱乐等。纯阳大峡谷与当地名产福白菊行业积极合作，大峡谷旁种植福白菊近0.27平方千米。每逢9月，白菊盛放，繁花似锦，一片花海傲雪欺霜，带来视觉上的饕餮盛宴。好山好水好风光，原汁原味原生态。纯阳大峡谷带你亲近自然，感受自然。

杏花村

杏花村是湖北省旅游名村、湖北省社会主义新农村建设示范村、黄冈市首届"十大秀美乡村"，位于鄂东古镇——麻城市歧亭镇北，是一个拥有千年历史的古老村落。杏花村人文丰厚，唐代著名诗人杜牧的一首《清明》使其名扬天下，北宋名士陈季常放弃优越的生活，携家带口慕名前来隐居，大文豪苏东坡更是多次来访，留下了许多名篇名著和逸事趣闻。

杏花村入口处，左边是歧亭古亭，右边是一棵古树，体现了杏花村的古朴。脚下的这条路现在称为"杏花大道"，是一条南来北往的交通要道。北宋神宗元丰三年（1080年），苏东坡因为"乌台诗案"被贬为黄州团练副使，他沿着杜牧的足迹经过歧亭镇杏花村，隐居在杏花村的陈季常听说后，骑着白马前来迎接老朋友，因此就有了"白马青盖迎东坡"的著名典故。

东坡湖，湖面约0.53平方千米，可以蓄水500万立方米，正在规划中。这里将是游客水上娱乐及休闲垂钓的理想之所。迎面将至的是杜牧广场，杜牧广场是为了纪念杜牧而建造的。广场邻湖，正前方立有四柱三门冲天石牌坊，牌坊两侧有4只坐狮，6只抱鼓石，大梁两面的浅浮雕都是用传统工艺雕刻而成的，正中梁上的"杏花村"三个字是由全国政协委员、曾任中国电力国际有限公司董事长的李小琳女士亲笔题写的，标志着杏花村的旅游事业翻开了崭新的一页。

广场的入口处有一口古井，人称杏花泉，泉水终年不绝，清澈甘甜。自古时起，杏花村村民便以杏花泉水酿酒，酿出的是与众不同的鹅黄酒，又称水酒。鹅黄酒纯以糯米酿造，入口平和，韵味绵长，而且醉不伤身。苏轼《歧亭五首》第一首中有"洗盏酌鹅黄"，第四首称其"酸酒如齑汤，甜酒如蜜汁"。《黄州府志》记载："杏花村在歧亭，有杏林、杏泉，杜牧诗'牧童遥指杏花村'即此。"杏花村在古时处于光黄古道之间，是商贸往来和物资流动的重要集散地，更是众多官员、商贾、文人墨客饮酒赋诗、休憩流连之地。当时麻城在歧亭还设置了专司就业赋税的官职——监酒税，可见当时杏花村的酿酒手工业规模是很大的。后来在宋元之变中，光黄古道上过客寥寥，杏花村村民为躲避战乱，便迁入麻城东山避乱，将酿酒手工业也带入了东山。至今流传于麻城的东山老米酒就有当年杏花村酒的影子，现在杏花村仍保留有当年的酿酒手工艺。

东坡桥原名歧亭桥，《广舆记》记载，苏子赏月，夜访季常，醉而宿此桥，醒后吟《西江月》云："可惜一溪风月，莫教踏碎琼瑶。解鞍欹枕绿杨桥，杜宇一声春晓。"所以歧亭桥又名绿杨桥，后人为了纪念苏东坡又称之东坡桥。

杏花古刹原名杏林寺，唐代初年由本荣禅师所建。相传乾隆皇帝下江南时，沿光黄古道游杏花村，见满山杏花怒放，芳气袭人，感叹历代众多贤良，欣然提笔为古寺题写"杏花古刹"。后来石刻为匾额悬于山门之上，并定为国庙，当时香火非常旺盛。

现存的古刹为武汉归元禅寺已故方丈昌明法师的弟子、麻城市佛教协会副会长悟正大法师于1993年在其旧址扩建的，有4000余平方米，主体建筑分前、后殿两重。前殿为天王殿，供奉有弥勒佛和四大天王，两侧为罗汉堂。供奉的五百罗汉神态各异、栩栩如生。后殿由大雄、大悲、大愿三殿组成，供奉有佛祖释迦牟尼、地藏王、千手观音、十八罗汉等佛像。

关于十八罗汉，这里有一段故事。北宋元丰四年（1081年）正月，谪居黄州的苏东坡晓行夜宿，到杏花村访友，谈及自己夜宿团风客舍时，梦见一个和尚的脸破了，鲜血直流。那和尚像要诉说什么，正想问时，却忽然醒了。东坡让季常参解其中缘由，季常思来想去，始终不得解。次日早饭后，季常陪东坡到附近山中游玩散心。途经杏林寺进寺游览，在佛祖神像侧面，有一尊古塑阿罗汉，其左为降龙罗汉，其右为伏虎罗汉。而这尊罗汉是第五尊，其仪表魁伟，只是面部被弄坏了。东坡当时并未发觉其中异常，可季常见后，立即明白了，告诉东坡，这不就是你梦中的情形吗？东坡恍然大悟，数日后返回黄州时，便请人将这尊罗汉运回黄州，并让安国寺住持帮忙修复神像。后来，这尊罗汉就放在安国寺的罗汉殿里。苏东坡写下《应梦罗汉》来记述这件事，这在《苏东坡全集》中也有记载。现在我们看到的这尊罗汉是后来按照黄州安国寺的那尊复制过来的。

在佛祖释迦牟尼上方的匾额上，有"光黄胜迹"四个大字，这是一代廉吏于成龙亲笔题写的，并成立了"杏花书院"用来教化百姓。他还建造了"宋贤祠"来纪念苏东坡和陈季常，并亲自题写《宋贤祠碑引》。

河东狮吼雕像主要是反映苏陈之间深厚友情的，《寄吴德仁兼简陈季常》其中有这样几句："龙丘居士亦可怜，谈空说有夜不眠。忽闻河东狮子吼，拄杖落手心茫然。"因为歧亭古时别名为"龙丘"，所以陈季常自号龙丘居士。河东狮指的就是陈季常的妻子柳氏，柳氏乃歧亭河东人，嗓门大得惊人，所以被戏称"河东狮子"。苏东坡来杏花村拜访陈季常的时候，两人经常彻夜长谈，有时甚至对柳氏不予理睬，柳氏气急了，便大吼一声，惊得陈季常拐杖落地。苏东坡为调侃陈季常，便写下了这首诗。这也是"河东狮吼"典故的由来。

文化长廊由杜牧亭和长廊组成，全长99米，彩绘壁画包含了杏花村大部分文化和典故。杜牧亭主要反映杜牧平生情况；长廊从唐代开始，展现宋代、元代、明代、清代、抗日战争时期、解放战争时期至今的主要历史典故。

歧亭三祠后面有宋元时期保存下来的三座墓茔，位于宋贤祠后大桂花树旁。中为陈季常墓，右为张憨子墓，左为甘望鲁墓，三墓合为一冢。碑为开山道人所立。

桃林街由民谣"三里桃花店，四里杏花村。村中有美酒，店中有美人"而得名。有35户明清徽派的古民居，包括几家农家乐特色商品超市。这里有一个娱乐项目，叫作六猿秋，是一种六人乘坐的秋千。

展现杏花村林水生态的景点——桃林水色，有3个精养鱼池，供游客垂钓休闲之用。在鱼池的周围有近1平方千米的桃杏林，为了与桃林街相呼应，所以命名为桃林水色。朱自清先生曾在清华园感受美丽的荷塘月色，大家也可以在杏花村体验美丽的桃林水色。这里有一个亭子，名叫三湖亭，在亭子内部绘制有许多栩栩如生的图画。相传当年苏东坡每次来杏花村拜访陈季常，两人都要来这里垂钓对弈，谈心阔步，所以也称中间的这片湖为苏公湖，湖对面还有苏东坡垂钓处。

古孝感乡都

"逍遥原乡野趣，情归孝感乡都"。国家AAA级旅游景区古孝感乡都，坐落在这座杜鹃花名城——麻城市鼓楼办事处孝感乡社区。

"今蜀南家族溯其始，多言麻城孝感乡"。作为中国历史上八大移民圣地之一，古孝感乡都是成千上万川渝麻城移民后裔心中神圣的精神家园。这里物华天宝、人杰地灵，是明初巨富沈万三故居，麻城历史上著名的八大胜景万松古亭、桃林春色都在其内，另外还有明代兵部右侍郎、宣大总督梅国桢、甘肃巡抚梅之焕故居遗址等。这里历史悠久、钟灵毓秀，孝感乡旧址、磨子场遗址等坐落在此；境内星布着明代建筑钟鼓楼、魁星楼、儒学城隍庙，清代建筑考棚和城区六乡农民协会遗址。

麻城第一名庄——沈家庄坐落于景区大门口桃林河畔，距今已有600余年的建庄历史。元末明初，江南首富沈万三在此置田地，建造码头屋和谷黍庄屋，并将其作为女儿嫁妆，沈家庄因此得名。现如今，沈家庄深厚的人文文化和历史遗迹吸引着八方来客，它是60余万四川人心中的故乡圣地，是麻城湖广文化的发源地，每年寻根问祖的四川人、重庆人络绎不绝。

古孝感乡都景区所在的鼓楼办事处地处麻城东城区，辖区版图面积43.8平方千米，辖5个社区、11个村，是麻城市老城区、商业区和"两河四岸"重点建设区、智慧农业谷核心区。鼓楼地理位置优越，交通便利，沪汉蓉快速铁路、沪蓉高速公路穿境而过，武麻高速公路在此出口；古孝感乡都景区往来

交通也是相当便利，距离高铁麻城北站 18 千米，距离麻城市中心 7 千米，距离龟峰山杜鹃花海 22 千米。古孝感乡都景区是以省级度假区为目标规划设计、建设打造的仿古建筑群，是一座历史文化底蕴深厚、自然风光优美，集旅游住宿、美食会议、休闲娱乐、培训拓展、亲子田园、民俗演艺等于一体的综合型旅游度假胜地。古孝感乡都景区核心项目"孝感乡生态庄园复合型乡村振兴旅游项目"是经过国家发展改革委审批的麻城市第一个乡村振兴项目，整体定位大别山文化体验地，分为移民文化体验区、精耕农业示范区、研学自然教育区、双养度假区、民宿体验区、体育休闲娱乐区，旨在将循环农业、创意农业、农事体验一体化发展融入文旅业态，同时整合周边已有产业，全面拉动返乡创业就业，最终实现乡村振兴这一目标。

　　古孝感乡都景区每年都会在大型节假日附近举办各类主题节会，目前已成功形成的口碑节会包括新春民俗文化旅游节、4月的亲子春游行、5月的五一嘉年华、8月的泼水狂欢节、10月的丰收美食文化节。主题节会围绕当季特色娱乐活动和旅游产品，结合大别山系的风土民俗，通过演绎古孝感乡都移民文化、美食文化和民族文化的特色氛围，得到了游客的参与和好评。

千里大别山　美景在罗田

罗田县位于湖北省东北部、大别山南麓，是大别山主峰和核心景区所在地，是一个集老区、山区、库区于一体的农业县。全县总面积2144平方千米，辖10镇、2乡、4个国有林场，414个村，总人口约60万人。

千年古县。罗田历史悠久，历代先贤辈出。建县于523年，具有1500年建县历史。罗田是"天完"皇帝徐寿辉、明代"医圣"万密斋、京剧鼻祖余三胜、国学大师王葆心的故里，鸠兹古国、岳飞抗金等历史故事广为流传。大革命时期，罗田是红二十八军、红三十二师转战鄂豫皖的发源地；解放战争时期，也是刘邓大军千里跃进大别山的主战场。

生态大县。全县森林覆盖率高达70.26%，核心景区高达96%。大别山世界地质公园、大别山国家森林公园、天堂湖国家湿地公园、大别山国家级自然保护区、大别山风景名胜区均在罗田境内，是名副其实的"植物标本库""华中地区重要生物基因库"和"天然氧吧"。中原第一峰天堂寨海拔1729.13米，年平均气温16.4 ℃。罗田水资源和水力资源丰富，是全国小水电百强县市，拥有优质的地热资源。

特产名县。罗田是闻名全国的板栗之乡、甜柿之乡、茯苓之乡、野生兰花之乡、大别山黑山羊之乡，有罗田板栗、九资河茯苓、罗田甜柿、金银花、苍术、天麻、黑山羊、香露观云雾茶、林家咀萝卜9大国家级地理标志保护产品，其中罗田板栗、罗田甜柿、九资河茯苓被称为罗田"新三宝"。茯苓制品、糖炒板栗、金银花露、蚕丝被等产品驰名中外。

旅游强县。罗田风景优美，旅游资源丰富，春看山花烂漫，夏观流云飞渡，秋赏万山红遍，冬踏林海雪原。已建成天堂寨、薄刀峰2个国家AAAA级旅游景区及4个AAA级旅游景区，进士河漂流、三里畈温泉、红花尖滑雪等旅游景区和苍葭冲等100多个乡村旅游点星罗棋布，形成了百里生态画廊、百里风情画廊、百里乡村画廊三条旅游经济带，是湖北旅游强县、全国休闲农业与乡村旅游示范县和全国森林旅游示范县。

投资热县。罗田民风淳朴，治安良好，连续三届获得"全国平安县"称号，夺得"长安杯"，是全国生态文明建设示范区、国家回乡创业试点县、国家产业融合试点县、全国"双创"示范基地。武英高速、麻武高速贯穿全境。罗田已进入武汉1小时经济圈，交通区位优势明显。

近年来，罗田县委、县政府立足于罗田自然和人文资源，大力实施"生态立县、农业稳县、工业强县、旅游兴县、民生和县"五县战略，全力打造精准脱贫样板区、生态保护与建设示范区、绿色发展先行区，着力壮大"产业罗田"，全力以赴建设成为"两山"理论实践山区高质量发展示范区、乡村振兴样板区、大别山健康城、大别山旅游城，竭尽全力将罗田打造为国内理想的旅游目的地，成为宜居、宜游、宜业的热土。

天堂寨

视频：天堂寨

天堂寨属北亚热带季风气候，具有较为典型的山地气候特征，气候温和，雨量充沛，年最高温度31.5 ℃，最低温度－6 ℃，年平均气温12.5 ℃。有水杉、银杏、雪松，还有青钱柳、香果树、连香树、云锦杜鹃等近100种珍贵稀有树种，有茯苓、天麻、灵芝、竹节参、七叶一枝花等200多种驰名中外的药材，有河麂、雉鸡、娃娃鱼等60多种国家级和省级保护动物，还盛产板栗等食品。

天堂寨主峰海拔1729.13米，古有"吴楚东南第一关"的美称。

天堂寨位于大别山主峰南麓，东与安徽金寨接壤，西与九资河镇（古鸠兹国）毗连，南与湖北英山为邻，北与青苔关风景区交界。天堂寨风景区是我国中原地区游客向往之地，因"天堂"而扬名，因"寨"而令人敬仰，以雄、奇、险、幽著称。随着旅游事业发展的不断深入，天堂寨人以景区主体、游客主人的战略思路，开展景区建设，迎接八方客人。

天堂寨的寨门楼雄伟壮观。景区内有神仙谷风景线、哲人峰风景线、天堂大峡谷风景线以及野猴谷风景线等。

▶ 神仙谷风景线

相传此谷系太上老君为避孙悟空而特意挑选的一处僻静养身、炼丹之地，沿途留有许多美丽动人的传说。

天台。河谷入口处，有一巨石矗立，巨石上天然生成一平台，即天台。巨石下有一深洞，据当地村民说，此洞原深不可测，现被泥沙填满。

双龙潭。步上铁索桥，映入眼帘的是一迎面矗立的巨石，石面如刀削，"神仙谷"三个苍劲有力的大字镌刻于其上。沿巨石边的鹅卵石步道前行30米，便到达双龙潭。双龙潭实为天堂寨九井中最大的两口井，且两口井相连。双龙潭潭水清澈，青山碧树倒映其中，虽无"白银盘里一青螺"之形似，但也是养性修身之佳境。两潭之间有一巨大平台，它就是"诵经台"。双龙潭深约30米，且冬暖夏凉，水中常有鱼儿嬉戏，游人大多借此美景，拍摄留念。

仙弈洞。沿双龙潭往下走约150米，在绿树成荫、依山傍水之处有一天然石洞。洞内有10平方米左右的空间，洞后有一天然石床，相传太上老君炼丹时常于此处起居，故名仙人洞。仙人洞上约10米处为太上老君闲暇时与各路来看望他的大仙切磋棋艺之地，即仙弈洞。此处青藤倒挂，流水潺潺，环境十分幽美，大有洞天福地之感。

神仙灶。在仙人洞外，溪流畔有一巨大岩石，石面上有一圆洞，深3米左右，并与侧面一小洞相通，其形酷似一天然灶台。相传此乃当年太上老君炼丹之处，故而得名。神仙灶的形成得益于"绳锯木断，水滴石穿"这一自然规律，得益于大自然的鬼斧神工。

▶ 哲人峰风景线

哲人峰风景线是一座完全由岩石组成的山体，靠东北端的巨岩峭壁高约100米，酷似一颗硕大的头颅，宽宽的额头、浓浓的眉毛、大大的眼睛、高高的鼻梁、厚厚的嘴唇，栩栩如生，令人称绝。从侧面观察，该峰似一饱经沧桑的哲人高士，独立苍茫，凝思北望，如观如察，如思如悟，故称之"哲人观海"。顺景点指示方向，可游览至哲人峰顶。在那里可俯视苍翠群山，遥望中原大地，感悟人生。若沿哲人峰步行下山游览，可依次观赏诸多美丽景点。

群仙聚会。该处群峰林立，秀岭回环，奇石云集，生动活泼，姿态各异。远远看去，有的似游山老道，有的似镇岭将军，有的似仙童奉茶，有的似玉女起舞，故名群仙聚会。群仙聚会对面就是佛光岩，此岩顶端平坦，而整个岩体峭壁悬空，深百丈，下为一天然峡谷。因为地理位置特殊，所以每当雨过天晴或谷中有薄薄的云层时，便有七彩光环隐约闪现，极似佛光，故名佛光岩。其实，七彩光环是水蒸气在阳光的折射下形成的，需要特殊的气候和地理条件。佛光岩下是赛华山栈道，它或凿于垂直悬崖上，或悬于半空，或嵌于峭壁中，气势磅礴。

在主峰北可瞭望中原，南眺荆楚大地，体会"一览众山小"。在这里可亲临赛华山栈道，信步闲游，看群山环抱，览山雄之美。

▶ 野猴谷风景线

野猴谷风景线位于弥勒佛脚下，由于景区生态的保护，环境条件改善而存在。目前已发现20多只，虽野性较强，却灵性十足。

● 薄刀峰

薄刀峰位于鄂皖交界处的黄冈市罗田县境内，占地面积30平方千米，是一个集旅游、会务、休闲、科研于一体的风景区。薄刀峰山峰奇秀、植被蓊郁，现有1600多种植物，其中200多种国家保护植物，还有100多种珍稀动物和13余平方千米原始森林，现为鄂东基因库场保护区。

视频：薄刀峰

薄刀峰原名鹤皋峰，因其峰高耸入云，状若刺天，古人取诗经中"鹤鸣九皋，声闻于天"之义命名，海拔1404.2米。后因主峰之下卧龙岗形同蛟龙、脊似薄刀、奇松盈立、怪石缀驻，加之民国十八年（1929年）1月冯玉祥部尖刀团夜驻此岗，并与当地老百姓全歼军阀吴佩孚残部4万余人于此，才改名薄刀峰。

薄刀峰景点以松奇、石怪、峰险而著称，年平均气温 13～18 ℃。

▶ 卧龙岗风景线

薄刀峰风景区三大旅游线路之一的卧龙岗风景线，主要景点包括北斗松、鹤皋亭、金蟾戏凤、卧龙松等。

【北斗松】

北斗松是由七棵形神各异、姿态迥然的古松组成，形状与天上的北斗星相似，加上它们生长在景区的北边，所以被称为北斗松。

【生死恋】

相对而立的两棵松树，一棵生长得葱郁挺拔，另一棵寂静干枯。据说，这两棵松树已经相恋百年，即使后来其中一棵树干已经死去，它们也未停止继续相守。它们就这样静静地站在这山巅，山风吹起的时候，就像它们仍在讲着只有彼此能听懂的悄悄话。因此人们赠予它们一个美名——生死恋。

【鹤皋亭】

薄刀峰的最高点即鹤皋峰，山峰上的亭子顾名思义就叫鹤皋亭。可别小看这座亭子，它可是历代兵家抢占作为瞭望主哨之地，现在主要供游人登高望远。

鹤皋亭曾被拆毁，存留有一副这样的对联：

　　峰上亭，亭下峰，亭峰皆立众峰中，峰威千古，亭威千古；
　　山外水，水内山，山水尽收孤山前，山秀万年，水秀万年。

站在亭中，有"一览众山小"和江山如画的感觉。难怪人们常有"一山分吴楚，两水入江淮"的感慨。

二楼墙壁上是为了解放大别山甘愿抛头颅、洒热血的一部分革命前辈的照片，在照片的下方有关于革命前辈英勇而又年轻的一生的简介。

【金蟾戏凤】

这堆自然堆砌的石头像一只大青蛙，头北尾南，正张开大口，仰天长笑。在它前面的那棵松树像一只飞翔的凤凰。所以这个景点叫作金蟾戏凤。

【天池】

在一个椭圆形的石头上，有约 1 米见方的一个古式浴盆，而且经常有水。据说，王母娘娘曾到此一游，传说这天池便是王母娘娘沐浴更衣之所。时至今日，从天池上眺望远处，也是一个绝佳的观景角度。

【卧龙松】

这段石板长约 60 米、宽约 3 米，松树根深入石缝，茎粗冠平，枝叶挨着争向东方。树下悬崖峭壁，形成了绝顶孤立、冠连东西的俊美特色。

【雄鹰觅食】

5块2米多高的黑色石头，巧妙地组成了鹰形石。侧面石缝夹着的长短不一的石条，恰好组成鹰的头和嘴。再看石头上面，有很多大小不等的黄山松。整体来看，像不像一只雄鹰蹲在松林下注视着西边山林中的猎物？这就是"雄鹰觅食"一名的由来。

【细腰宫】

细腰宫是我们沿着山脊穿行的唯一通道，长约2米，宽只有约30厘米，只有侧身才能顺利通行。据说，这是随王母娘娘出游的侍女们，为了证明自己腰细貌美，互相比试时留下的，所以命名细腰宫。

【卧龙岗】

卧龙岗是薄刀峰最精华的景点。这条路两边都是悬崖峭壁，走在上面，好像走在刀尖上一样，来过的游客戏称这里为"薄刀"。这一段全长2000多米，海拔大约1325米，就像一条飞龙蜿蜒盘旋在山岗之上。

卧龙岗不但形状像龙，而且这里汇集的十余个景点，也不得不让人叫绝。难怪有人评价，"卧龙岗，岗上千般秀，岗下百般强"。古有"天下名山卧龙岗，三步一景汗浸裳"之誉。

卧龙岗中段铺着宛若龙骨的石板，两边悬崖峭壁，寸草不生。就在这光滑的石缝中，长着一棵奇特的古松。在弯秃的主干下，分枝却呈弧形张开，层层叠叠，针叶丛丛，像一只孔雀正在开屏示美，由此得名"孔雀松"。

【天子弯腰】

这么多景点中，最有趣的要数天子弯腰了。穿过卧龙岗，走过一段曲折的林中小道，再下一段石级台阶，就可见两块约100平方米、类方形的大石板，相互支撑拱起，形成"人"字形。石上光滑陡峭，石下约120厘米高、10米长的天然通道，就是天子弯腰。

大别山在漫长的地质历史长河中，造就了雄伟壮丽的花岗岩山岳、峡谷等地貌景观，令人流连忘返。薄刀峰属山脊花岗岩地貌，其"薄刀"奇景是地壳运动的功劳。在地壳运动的作用下，岩石会发生破裂。如果岩层破裂但没有出现明显的位移，就称为节理；如果出现明显位移，就称为断层。薄刀峰主要受北东向、北西向两组陡斜节理和一组缓倾斜节理裂隙的制约，在漫长的历史长河中，经风化、流水侵蚀和重力崩塌，最终形成了令人不寒而栗的"薄刀"胜景，造就了薄刀峰上诸多象形石的奇特景观。

燕儿谷

燕儿谷是国家 AAA 级旅游景区，位于罗田县骆驼坳镇燕窝垸村，因三面环山，形似燕子窝，故而得名。燕儿谷地处大别山腹地，是罗田县的南大门，距武英高速公路罗田出口 7 千米，交通十分便利，是节假日出游、踏青、聚会的绝佳选择。2015 年，燕儿谷被评为湖北省"十佳示范农庄"，还是湖北省农业厅和旅游局认定的湖北省休闲农业示范点；2016 年被授予全国旅游扶贫示范项目。2017 年 1 月，燕儿谷公司报选的农庄特色产品软萩粑被评为"湖北十大名优农产品"；2018 年 10 月被中华全国工商业联合会、国务院扶贫开发领导小组办公室授予全国"万企帮万村"精准扶贫行动先进民营企业；2019 年 2 月被国家林业草原局发改司授予国家林下经济示范基地。2020 年 6 月黄冈市罗田县骆驼坳镇燕窝垸村被评为湖北旅游重点村；2021 年 8 月 25 日黄冈市罗田县燕窝垸村入选第三批全国乡村旅游重点村。

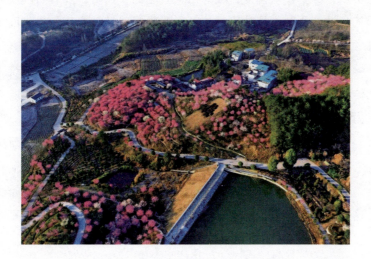

视频：燕儿谷

2011 年，在北京、深圳做律师多年的徐志新回到老家燕窝垸村，创办了湖北省燕儿谷生态观光农业有限公司，为燕窝垸村这个国家级贫困村的美丽蝶变拉开了序幕。几年间，昔日的荒山变身为大花园，吸引了各地游客前来踏青、赏花、留影。燕窝垸村在加快自身发展的同时，还带动周边的骆驼坳镇郭家河村、骆驼坳村以及白莲河乡叶家冲新村的共同发展，这些村共同组成燕儿谷，主要种植景观树，冬有茶梅、红梅，春有桃花、樱花、海棠、罗田玉兰等，将燕儿谷打造成了一个百花谷。

进入燕儿谷，首先映入眼帘的是茶梅园。这里是中国最大的茶梅基地，茶梅花海是燕儿谷冬季特色，它的花期是从每年的 10 月到次年的 4 月，其花色瑰丽，淡雅兼备，姿态丰满，花香迷人。花色有白色、粉红色、红色，更有奇异的红白镶边等。在冬季，本是万物萧条，而燕儿谷却恣意盎然，茶梅盛开如斯，园中亭台楼阁、绿树红桥总让人流连忘返。

往梅岭方向，首先是梅岭门楼，还有桃花坞、遇见、致富树等景点，梅花的观赏期是每年的 1 月至次年 3 月底，如果错过了花期，也不用失望。梅岭花的种类有十来种，像海棠、杜鹃、美人梅、罗田玉兰、碧桃、紫荆、茶花都是三四月份开花，每到这个季节，燕儿谷满谷梅花，落英缤纷、美不胜收，是游人观赏、摄影的理想之所。值得一提的是，这里的致富树是 2016 年 10 月国务院副总理汪洋来燕窝垸村调研时亲手栽种的。

　　乡村工匠是乡村文化的重要组成部分，手工制品凝聚着祖先智慧和特殊的文化内涵。在一段时期内，手工制品因精巧实用，深受民众喜爱，成为街头巷尾的紧俏货。随着时代发展，人们生活观念的改变，越来越多的手工品被工业制作品替代，工匠失业成为一种社会现象，工匠手艺濒临失传。2018年，燕儿谷景区招募"九佬十八匠"（民间对手艺人的统称）。依托这批乡村老工匠，建成罗田县第一所乡村工匠学校，学校的房屋、家具、生活用品等全部由工匠们用自己的传统手艺建造制作。这所工匠学校集传统工艺传承、工匠精神弘扬、乡村振兴产业化、中小学生研学体验和特色荆楚工匠村落五大功能于一体，成为湖北农村工匠的一张新名片。

　　燕儿谷还新建了一系列传统游乐设施，比如磨豆腐、做油面等，可以在游玩中体验传统文化带来的乐趣。当然还有燕儿谷骑马场，能让孩子和父母一起体验马背文化，享受到不一样的亲子欢乐时光。

　　一次完美的旅行，有了美景，自然少不了美食。在燕儿谷不仅能欣赏到四季美景，还有民俗美食文化体验区等着你。这里的兜子火老米酒、香吊锅、腊味油面、印子粑、软萩粑等，都是记忆中的味道、舌尖上的乡愁。

　　休闲农业、乡村旅游和养老服务业已成为燕窝垸村的支柱产业。从2015年开始，燕儿谷陆续举办了"大别山茶梅节""大别山梅花节""大别山花朝节""大别山茶花节"等旅游节。

2021年，燕儿谷电商助农直播基地建成。拥抱5G时代，抓住短视频"兴趣电商"的风口，燕儿谷积极响应，率先与湖北移动合作开通首个5G乡村工作站，携手顺丰集团成立全国首个乡村快递合作点。2021年9月25日，历时27天建成的燕儿谷电商助农直播基地正式投入运营。

燕儿谷电商助农直播基地占地面积约600平方米，内设有直播电商培训室、黄冈地标优品直播间、文旅直播间、传统非遗手工匠人直播间、国家地理标志产品展示厅等区域。基地致力于打造三农主播公共共享平台，所有助农主播皆可在这个平台上，通过"基地+主播+供应链"的全新直播电商带货模式，引领带动农业经济的转型升级，让本地农产品及旅游文化等服务更好地对接渠道和消费市场。

2022年，燕儿谷充分利用自身及大别山山系优势，精密策划户外活动项目，如精心打造的主题为"燕儿谷露营地·山谷野趣"的露营项目，涵盖自然溪流溯溪、非遗文化体验、户外运动、户外烧烤、户外电影、自然探索等项目，以露营+大自然为核心，设置天幕、露营咖啡车、户外电影特色打卡点，为游客带来前所未有的露营新体验，活动一经发布便广受追捧。

天堂湖风景区

天堂湖风景区属大别山国家森林公园五大风景区之一，位于薄刀峰风景区、九资河风景区、天堂寨风景区的中心。景区全长15 km，集雨面积220平方千米，水域面积10平方千米。因为拥有丰富的旅游资源和自然资源，天堂湖先后被水利部核定批复为"国家级水利风景区"，被国家林业局批准为"国家湿地公园"，被农业部评为"国家级水产健康养殖示范场"和"全国休闲渔业示范基地"，是一个集生态旅游、水上垂钓、休闲观光、民俗风情于一体的综合型观光游览区域。

美丽的天堂湖是大别山上一颗璀璨的明珠。远远望去，天堂湖就像一块巨大的长方宝镜镶嵌在薄刀峰、天堂寨等诸峰脚下，亦如蜿蜒的银带飞舞在群山之中，勾勒出一幅山水掩映、云雾缭绕、村舍错落的风景画。四周群山沉黛，湖边岸线弯曲环绕，湖光山色，相得益彰。湖区附近，有著名的仙人垴和美女峰，湖水边数十里地更是山山入画，景景有情。

▶ 工程景观

天堂湖风景区人文景观丰富，大坝、副坝、溢洪道设计优美、宏伟壮观。坝下湖北第一座抽水蓄能发电厂——天堂抽水蓄能电站被誉为"鄂东明珠"，总装机9.6万千瓦，年发电量26900万千瓦时，为罗田经济发展做出了巨大的贡献。天堂湖一至五级梯级电站特色鲜明，可形成水利旅游风景线。大坝全长320米，高56米，20世纪60年代，罗田、浠水、黄冈三县的劳动人民，利用简单的生产工具，通过肩驮手扛的劳动形式修建而成该大坝。2009年完成国家投资5943万元的整险加固工程，加固后的天堂湖管理区面貌焕然一新。大坝和副坝像两条巨龙，拦住天堂湖万顷碧波。位于大坝和副坝之间的溢洪道设计优美，古朴端庄。在汛期水位高涨时，开启溢洪道闸门，天堂湖口飞瀑异常壮观。

▶ 骆驼卸宝

天堂湖水域宽广，水质纯洁，湖岸线曲折，湖湾、库汊、岛屿众多，形成多种自然山水景观。在天堂湖大坝左侧有几座山峰，远看酷似一巨大的骆驼下河饮水。骆驼驼峰高耸，驼背宽厚，骆驼的颈和头部远远地伸进了碧绿的湖水中，尾部是一块光秃的山体向西延伸，一直翘到了大坝的外面，直抵溢洪道下的河边。山体微红的土中夹杂着破碎的石头，常年风化倾泻，以致草木不生。太阳一照，金光闪闪，远远看去，流光溢彩，人称骆驼卸宝。

▶ 龙虎斗

在副坝东头有两座山，左边的山脉自北向南，从薄刀峰上猛然而下，到此突然止步昂头，故有龙腾之称。这里长出的盘虬油松极似龙须，周围陡峭险峻，极是奇险。右边的那座山极似一只咆哮的老虎，正以卧腾之势准备扑向腾龙。两山对峙，似龙虎相斗，故名龙虎斗。龙虎斗里边就是美丽的桃花冲。

▶ 嫦娥峡

嫦娥峡位于湖区东南部，是叉开主湖的一条幽长峡谷。翘首望去，玉带飘动，形似嫦娥，故名嫦娥峡。嫦娥峡内山峰对峙，岸壁陡峭，修竹掩映，水势回环，故又有小三峡之称。峡内春有杜鹃满山，冬有鸳鸯戏水。进入峡内，"山重水复疑无路，柳暗花明又一村"的感觉会扑面而来。

▶ 天堂渔村

穿过美丽的嫦娥峡之后，就来到了天堂湖最大的渔村——天堂渔村。天堂渔村风光秀丽，四季风光各异。春天山花烂漫，牛羊成群；夏季丰水时节，乌桕树枝繁叶茂，于湖水中可驾小舟行于其间；秋天红叶尽染，到处一片丰收景象；冬季晨雾缭绕，雪压枝头。

▶ 青潭寺

青潭寺因建在青山环绕、水流湍急的水边而得名。这座寺庙原建在前边的湖水中,其寺恢宏之态和暮鼓晨钟,吸引了远近的善男信女。青潭寺分上、中、下三殿,供奉了十七尊神像,佛、帝、祖位齐全,左右分别设有观音堂和药王偏殿。大殿的柱子上还刻有对联,"神德昭彰,劝尔莫作亏心事;佛光普照,教我要做正道人。暮鼓晨钟,唤醒世间名利客;经声佛号,唤回苦海梦迷人。"其意是劝人行善积德。现在每月农历初一和十五,前来焚香膜拜的人络绎不绝,祈求神灵护佑。

▶ 月亮岛

在天堂湖上游,有一湖心岛,远远望去,就像浩瀚天空中的一轮明月,故称月亮岛。月亮岛上垂柳依依,与嫦娥峡遥相呼应。站在月亮岛上,可以欣赏青山绿水,远观大别山连绵的山脉。远处有一座轮廓分明的高大山脉,它由三座山峰排列而成,在蓝天白云之下,像一座巨大的笔架矗立在我们眼前,这就是著名的笔架山。

▶ 湿地科普馆

湿地科普馆位于湿地公园宣教区,占地1076.4平方米,总建筑面积为1606平方米,投资1070万元,于2017年5月10日建设完成对外开放。科普馆采用仿古建筑设计,以"大别明镜,天堂湖光"为主题,以"最美天堂""湿地天堂""寻迹天堂""文化天堂""寄梦天堂"为脉络,集研究、展示、教育、宣传、科普于一体,分为展墙、展台、展板、模型、沙盘、多媒体展示系统等多个展示区域,传承地域历史文化,展示湿地保护历程,描绘湿地规划远景,是展现罗田生态文明建设的重要窗口,是罗田重要的科普教育、生态教育基地及重要研学旅游景点。湿地科普馆建成后,吸引力和影响力不断提高。

天堂湖特产众多,尤以板栗、蚕丝、茯苓、甜柿较为著名。景区已建成旅游码头一座,有一次可容纳300人住宿、休闲、举行会务活动的宾馆一幢,购置了一次可乘载30余人的豪华型画舫船2艘,

并配有快艇、小型机动木桨船及小型乌篷船 20 余条。景区游、娱、住、食、购、行等基础设施已初具规模。水上惊险游乐、林间欢乐园、野生动植物观赏园、湖边渔村等游乐中心正在筹建之中。

"知者乐水，仁者乐山"，天堂湖美丽的山水是上天对罗田人的厚赐。

胜利红色旅游区

胜利镇原名屯兵铺，亦名滕家堡，是罗田地区革命策源地，为鄂豫皖革命根据地之一，也是中共罗田县第一个党支部诞生地，被国家旅游部门确定为大别山"红色之旅"的重点镇之一。在胜利镇这片革命热土上，走出了李梯云、肖方、吴光浩等著名革命烈士，还长眠着 200 多名其他烈士。著名红色文化古迹有明清老街、胜利革命烈士纪念碑、熊家山革命烈士墓、曹剑影烈士墓、金凤楼、铜锣关等，均为县级重点文物保护单位。

罗田烈士陵园位于罗田县胜利镇南面的磨儿石山，始建于 1986 年，近年来扩建后，现由革命烈士纪念碑、展览馆和烈士墓三部分组成，占地 20000 平方米，为开放性管理，是罗田重要的革命传统教育基地。罗田烈士陵园布局严谨，层次分明，更有无数四季常青的苍松翠柏陪衬，显得气势宏伟、庄严肃穆。每年的清明节、国家烈士纪念日、七一建党节、国庆节，罗田烈士陵园接待来自省市县各级的党员干部、青年学生等达三四万人次；一系列革命传统教育，让心灵受到洗礼。

穿过罗田烈士陵园的门楼，是一个大型广场，广场上的两块展示石板上分别镌刻着罗田县烈士英名录与罗田县革命历史。

陵园的西侧，有 1995 年革命烈士遗孤李逸心先生捐建的揽胜亭和革命烈士展览馆。为了传承红色文化，让人们更系统地了解胜利革命史，胜利镇投资近 2000 万元改扩建了革命烈士展览馆。展览馆总展厅分上、下两层，面积共 800 平方米，收录了大量珍贵历史遗物。展厅主题是走向胜利，从四个方面系统展示了大别山罗田地区的革命斗争史，从 1925 年罗田胜利地区开展革命运动开始，到抗日战争以及中华人民共和国成立时期；整体是以图片、文字和浮雕模型方式展出的，采用声、光、电结合的展示方式。

拾级而上，呈现在眼前的就是革命烈士墓区。墓区内通道纵横相连，路面铺设花岗石，两侧古松耸立，一片静谧祥和。在这处占地超 400000 平方米的烈士墓区里，安葬着 174 位英雄人物，既有革命烈士李梯云，也有新时代的英雄方昭。

青山埋忠骨，史册载功勋。迈着沉重的步伐翻过磨儿石山，一座高高耸立、气势雄伟的革命烈士纪念碑映入眼帘。纪念碑于 1988 年被建在革命烈士陵园的中央，碑高 12 米，碑身正中镌刻着王任重题写的"革命烈士永垂不朽"八个大字。这是一座凝聚着罗田革命历史的丰碑，站在纪念碑前，可以感受到革命先烈的精神感召，一种传承的使命感油然而生。碑座上的碑文，概述了胜利地区革命简史和先烈们在这里不屈不挠的战斗历程。

1926 年夏，在董必武的指导下，共产党员李梯云受中共湖北区执行委员会派遣，来罗田开展革命工作。他回到故里滕家堡，发展党组织，在金凤楼建立了中共罗田支部（李梯云任书记），播下了革命火种。10 月，在陈家畈东岳庙成立了中共商罗麻特别支部（肖方任书记），还相继成立了肖家坳等 10 余个党支部。在党的领导下，还建立了农民协会、工会，组成了罗田第一支农民武装——滕家堡农民自卫军。

土地革命战争初期，滕家堡划归商罗麻特别区，为支援商南起义做出了贡献。1929—1937 年，红十一军三十二师、红一军、红四军、红二十八军多次转战滕家堡。1930 年 12 月，红一军（军长许继慎、副军长徐向前）政治部还在此发出了《告罗田滕家堡群众书》，鼓舞了人民的革命斗志，巩固了革命根据地。

在胜利镇老街的南街口，有一座古建筑，这就是中共罗田县第一个支部旧址——金凤楼，也是吴光浩就义地、"五·二九"纪念碑，以及红一军军部、鄂豫皖南线剿匪司令部等一批革命先烈战斗和生活过的旧址。胜利老街长约 800 米，由北向南分为四段，按中华人民共和国成立前保甲制度沿袭下来的名称，分别称为一甲街、二甲街、三甲街和四甲街。街宽约 3 米，街道由砖石铺就。两侧房屋，多为明、清建筑。老街饱经沧桑，古韵犹存。革命战争年代，徐向前、许继慎、王树声、杜义德、吴光浩、高敬亭、李梯云、肖方等大批革命领导人均在此工作和生活过。

近年来，胜利镇把罗田县烈士陵园以及周边的胜利镇老街、肖方故居、李梯云故居进行了系统挖掘和整理以及修缮，通过不断完善罗田县烈士陵园的功能建设，擦亮红色文化品牌，着力打造红色旅游名镇。

潘家湾

潘家湾村位于罗田县白庙河镇西部，距罗田县城 35 千米。此地形成于明代，原生态保持完好。其峡谷沟深、地形险峻、山清水秀、民风淳朴，是罗田著名的乡村旅游景点。2013 年，潘家湾村进入"中国传统村落名录"。

潘家湾村不仅有保存完好的古村落、古树群、古城墙等，还有壮观的百丈岩瀑布。该村有着 600 年历史的古梯田更是堪称一绝。潘家湾太阳岩梯田位于两山相夹的山谷地带，海拔 400 米左右，占地面积超60万平方米,南北长3千米,东西宽1千米。伫立潘家湾山巅,俯瞰梯田,娟然如拭,鲜艳明媚。古梯田自上而下,蜿蜒曲折,明净的水田与周围的景色相映成趣,如倩女袭一身裙纱起舞在峰峦叠嶂间,令人心旷神怡。行走在田埂上,梯田弯弯盘踞而立,一年有夏绿、秋黄、冬春白三种色彩,其景观壮美而又典雅。与其说这是大地鬼斧神工之杰作,倒不如说这是村里人们千百年来刀耕火种、祖祖辈辈精雕细琢的艺术品。潘家湾梯田的开发,受到全国著名风景区云南元阳梯田的启发。近年来,围绕这一梯田景点开发,潘家湾村着力在扩大种植面积、按景点模式种植、保持原生态等方面努力,使原有梯田景色更添三分。景点的形成与宣传,使潘家湾的旅游业渐渐"火"了起来。

梯田对面河上挂一条白练,好似一条白龙飞腾在山坳间;站在瀑布前远眺峡谷,怪石星布,风光旖旎;山峦间松林覆盖,植被蓬勃;走进上湾农舍,绿树成荫,600年的古树传奇,野琼花片片点缀着山坡,好一派田园风光。

潘家湾的主簿寨海拔938米,至今还流传着一个传奇的故事。相传南宋时期有一胡姓女主簿,在潘家湾一带为民治山水,理财政,惩恶人,御外敌,所辖几十平方千米,民安和好。农闲时,女主簿动员2000多名青壮男丁,历时5年,借山势修城墙,绵延数里。宽10米、高2.5米的城墙上,炮台、壕沟、屯兵池等战时设施一应俱全。城墙下,建有兵房20多栋。散居百姓联户而屯,置入城墙防护之中。一时间,村民安居,夜不闭户。到了元末,统治者政治腐败、税赋沉重,加上天灾不断,百姓怨声载道,反抗声起,北方红巾军以摧枯拉朽之势连攻城池,罗田人徐寿辉顺势发动南方起义。后徐称帝,国号"天完",定都于蕲水。此时,红巾军势大,攻入女主簿地盘。女主簿与其交战百余回合,终因寡不敌众,夹两个簸箕纵身一跃,如神鹰展翅随风而去。当地人为纪念这位行侠仗义的女主簿,将这座山峰命名为主簿寨。潘家湾从那时算起,至少有600年村史。

站在主簿寨的古城墙上,鸟瞰万山朝拜,古城墙上还残存着枪眼、瞭望孔、堡垒,它是南宋时期战乱的见证,也是古代人民智慧的象征。墙石斑斑驳驳,有的显得历经沧桑,有的长满苔藓,记录着南宋山寨人民的血汗。眺望北面1009.3米的狗耳尖、东面988.1米的鸡鸣尖,主簿寨40多栋民居整齐排列,一律坐北朝南依山而建;四周山头,近百棵古银杏、古枫树、麻栎等组成天然屏障,把这片青瓦土墙的古民居与外界隔离。这些古树如同忠诚的卫士,任世事翻滚,依然挺立村旁。遗憾的是,潘家湾的古民居无完整留存,只有部分墙体和砖石还保留着古村落的印记。当地人说:"女主簿从来没有离开过主簿寨，她让我们的生活变得丰富多彩。原本荒芜的山坡，现在变成了一片绿色的梯田；光秃秃的山丘，变成了金灿灿的花果山。"

潘家湾是一个历史悠久的传统村落，土墙黛瓦，阡陌纵横，梯田成片，竹林摇曳，民风古朴。"江作青罗带，山如碧玉篸""老屋立山坳，古树列村边"，潘家湾田园风光如诗如画，令人神往。2017年6月，潘家湾成立了文旅发展公司，建设潘家湾乡村文化创新创业生态谷项目。该项目以梯田景观、古村古树为资源背景保障，加强村貌的综合整治美化，以古村美食第一寨、古村落高端休闲、户外运动探险、梯田精品游、美人谷亲子休闲5个主要项目为支撑，为游客提供一个集乡村观光、休闲度假、艺术文创、康体养生为一体的乡村旅游目的地。

潘家湾，千年古村，传奇山寨，它是梦境中的仙境，记忆里的故乡！

中国好空气 英山森呼吸

"唐朝的天空，宋朝的流水。"这是茅盾文学奖得主熊召政对家乡英山的描述。英山地处大别山主峰南麓，总面积1449平方千米，辖3乡8镇，309个行政村，总人口40.8万。距武汉天河机场、武汉站、长江武汉港不到一个半小时车程，是连接"武汉城市圈""长三角"最快捷的通道。英山是活字印刷术发明家毕昇的故里，是著名的作家之乡，吴楚文化、民俗文化、红色文化在这里交相辉映。

近年来，英山突出"大健康、大农业、大旅游"特色产业，着力打造"毕昇故里·康养英山"，2020年成功创建国家全域旅游示范区，先后获得"中国最美休闲乡村""中国茶叶之乡""中国温泉之乡""中国漂流之乡"等众多荣誉称号，已经成为全域旅游、四季康养的好地方。

英山是个好地方，好就好在生态优良"空气好"。英山是大别山世界地质公园和国家自然保护区的核心区。森林覆盖率达70%，荣获"中国天然氧吧"称号。"中国好空气·英山森呼吸"品牌叫响全国。

英山是个好地方，好就好在山好水好"茶叶好"。英山云雾茶，源自森呼吸。拥有近200平方千米茶园，茶叶年产量居湖北第一。"英山云雾茶"是国家地理标志产品，是中国茶叶博物馆入馆品牌，获国际茶叶博览会金奖。除绿茶外，英山云红茶、云白茶、云青乌龙茶等品类齐全，茶酒、茶食品、茶面膜也深受消费者青睐，可以说"小小一片茶，一茶品天下"。

英山是个好地方，好就好在气候适宜"药材好"。全县种植道地药材近200平方千米，地标产品桔梗、天麻，拳头产品茯苓、苍术等，都是治病养生的好药材、好食材。毕昇饼、雪花粑、天麻炖土鸡等一大批药食同源的美食佳肴，色味生香、养生健体。

英山是个好地方，好就好在一年四季"风光好"。英山风景秀丽，东河有百里秀，西河有十八湾，还有大别山南武当、桃花冲、四季花海3个AAAA级和7个AAA级旅游景区。在桃花冲朝可观日出，夜可望星辰，高可看云海，下可探峡谷。来到英山，春可天马行空看五彩杜鹃，夏可游山戏水享避暑漂流，秋可登高望远看漫山红遍，冬可温泉滑雪品冰火交融。可谓全域皆锦绣，山水醉游人。

英山是个好地方，好就好在温泉漂流"康养好"。英山温泉久负盛名，具有水质好、埋藏浅、储量大、水温高等特点。这里是世界跳水冠军的摇篮，也是温泉康养的胜地。英山山高水多峡谷长，漂流线路多、品质高，已连续3年承办"中国漂流大赛"。

英山是一幅山水画，走进英山就走进了诗情画意；英山名人辈出，走进英山就走进了唐诗宋词；英山是一片奋进的热土，中医药、绿色食品、旅游度假、养生养老、运动康养五大产业方兴未艾，走进英山就进走了投资的乐园！接下来让我们一起去欣赏英山的美景吧！

大别山南武当

视频：大别山南武当

大别山南武当旅游区位于大别山南麓、鄂东北英山县境内北部，是世界级地质公园、国家级森林公园、国家 AAAA 级旅游景区、中国森林氧吧，总面积 30.2 平方千米。旅游区年平均气温 12.5 ℃，夏季平均气温 22 ℃，境内森林覆盖率高达 96%。

大别山横亘中原，逶迤千里。海拔 1729.13 米的大别山主峰天堂寨坐落在旅游区境内。旅游区主要由中原第一山——大别山主峰天堂寨、华中第一谷——龙潭河谷、武当南宗发源地——南武当、大别山佛教圣地——石鼓神庙、中国传统村落——大河冲村和华中大型滑雪乐园——南武当四季滑雪场六大特色景区和项目构成。旅游区以山岳地貌、河谷风光、原始森林为主要特征，汇"峰、林、潭、瀑"于一地，集宗教文化、民俗风情、历史人文、农艺景观于一身，融古朴、奇险、秀丽、神奥于一体，是生态旅游、避暑休闲、科研考察、品味自然的胜地。

这里还是一片红色的土地，刘伯承、徐向前、徐海东、张体学、皮定均等老一辈无产阶级革命家曾转战于此。刘邓大军千里跃进大别山，在这里谱写了血与火的壮丽史诗，更使大别山声名远播。

▶ 大别山主峰天堂寨

有着"中原第一山"之称的大别山主峰天堂寨，海拔 1729.13 米，素来以雄、奇、险、幽闻名于世，脉连着两省三县。乘坐大别山主峰索道登顶，既可接受世纪神钟的祝福，又能享受放眼江淮的美景，真切感受"一脚踏两省，两眼望江淮"的神奇与壮观。天堂旭日、云海雾瀑，气象万千；多云九井、大别神龟、古战场遗址遗迹，风物传奇；原始森林，浩瀚幽野，置身其中，怡心启智。

▶ 龙潭河谷

有着华中第一谷之称的龙潭河谷是一条天然形成的大河谷，上下落差近800米，集"奇、险、幽、秀"于一谷，河谷全长约10千米。河谷九潭十八瀑，潭如碧盘，瀑如泻玉，最引人入胜的是龙潭飞瀑，在瀑布崖壁的半腰上一条巨龙昂首摆尾，龙角、龙眼、龙爪、青黑色的龙鳞都清晰可辨。看它那豪饮瀑布水的姿态，似乎千百年来都不曾停止过。龙潭河谷的下游就是峡谷漂流。漂流海拔落差近百米，临波飞瀑，与浪共舞，充满着惊奇与刺激。

▶ 南武当

南武当——中国著名的道教圣地、武当南宗发源地、中国武当武术基地之一。2002年，武当内

家祖庭掌门人游玄德秉承祖师张三丰"五百年后必开南脉"的遗训,来此开创了南武当道教圣地。云外仙都之三丰殿,是国内唯一为张三丰安位的大殿,殿高21米,神像高3.9米,而成为武当南宗内家祖庭。南武当历史悠久,传说众多。据载,秦始皇曾在此下马参拜,汉武帝曾加封此地为"古岳衡山"。据传,唐代仙人吕洞宾、明代道教大师张三丰都曾在此修炼。

▶ 石鼓神庙

石鼓神庙被誉为大别山佛教圣地。石鼓是大别山镇山之石。石鼓神庙始建于明末,盛于清。据传,石鼓是玉帝的神器,孙悟空大闹天宫时,落入大别山中化作石鼓岩。鼓底有"石鼓洞",以石击鼓,鼓声威震四野,而历显神灵。石鼓神庙小巧玲珑,精致绝伦,镶嵌在青山碧林之中,和谐自然,与南武当一南一北隔山相望,一山两教,佛道同缘,成就了古今人文的灿烂与辉煌。

▶ 大河冲村

大河冲村位于龙潭河谷上游,处于高山盆地之中,乡土风情保留十分完整。村中房屋大都坐北朝南,依山而建。站在高坡上俯瞰,村民住宅三三两两散建于山水之间,茂林相伴,修竹掩映。日复一日,村民们守护着祖辈的传统,守护着岁月沉淀出的美好乡愁。山与天相接,青翠盈目;云在树中绕,氤氲缥缈;屋在树中掩,孑然而立;满耳蛙鸣鸟啼,俨然一处"世外桃源"。2014年,大河冲村入选为中国传统村落,是乡村民俗旅游和生态农业体验旅游的好去处。

▶ 南武当四季滑雪场

南武当四季滑雪场是华中大型滑雪乐园。冬季的大别山南武当旅游区吸引游客的不仅仅是美妙圣洁的雪景，更有充满快乐、惊险、刺激的滑雪项目。滑雪何必念北国，雪上飞舞南武当。南武当四季滑雪场引进了全套欧洲迪马克造雪滑雪设备，利用自然降雪加上物理造雪，打造了一座大型人工滑雪场。

　　大别山南武当旅游区春来可踏春赏花，夏来可避暑漂流，秋来可登高赏叶，冬来可滑雪戏雪。神奇秀美的大别山南武当旅游区时刻热忱欢迎大家前来避暑休闲，沐养健体，观光旅游。

桃花冲风景区

视频：桃花冲

　　幽深秀美桃花冲，大别山中桃花源。桃花冲必去的一个景点：十里桃花溪。

　　当代作家熊召政游历桃花溪后在《桃花溪印象》中这样写道，"如果说有什么东西弥足珍贵，我可以肯定地说：是水，是丰富的、洁净的水。"这里的水充满灵气，也是因为水才有了桃花溪那流传千古的美丽传说。

据传，很久以前，桃花溪因清澈纯净的泉水引来仙女常来这里的一个深潭沐浴，意外邂逅附近山村的一位放牛小伙，双方一见钟情。但仙女私订终身是违反天条的，于是他们决定隐姓埋名，在桃花冲大山深处过起了男耕女织的恩爱日子。附近有好事者打听，小伙子便说叫李柱，媳妇是山那边陶家河人，叫陶花。后人便据此，取了一个更诗意的名字——"桃花女"。

▶ 仙女潭、九龙瀑

十里桃花溪的经典景观是九龙瀑和仙女潭。九龙瀑上下落差达 15 余米，中间又分成三级，冲撞成九股激流，形成九龙抢珠之势，因而被称为九龙瀑。"瀑之下，是潭。潭之白，如碎雪，如樱花瓣；潭之青，如幽梦，如玻璃汁"，仙女潭水质清澈，深有 30 余米。在仙女潭的下边出水口处有一黄色岩脉形成的仙女沐浴图，她窈窕身姿、芊芊细腰、长发及膝、裙裾飘飘、栩栩如生，被认为是传说中的桃花女走过桃花溪时印形于水中石壁上，实际上这是地壳运动形成的天下奇景。

▶ 赤练瀑

"山如猛虎常啸，溪若玉链常舞。"这白练一样的瀑布潺潺地流经红色的石壁，因此被称为赤练瀑。

▶ 桃花瀑

瀑布高 20 余米，飞流直下、水珠飞溅，靠近时水气迎面拂来，丝丝凉意沁人心脾。在天气晴好的上午或雪后初晴的冬季，太阳光直射在瀑布上，可映出一道亮丽的彩虹，清晰可见，彩虹还会随着游客观察位置的变换而上下移动。

▶ 昭关

公元前 533 年，楚平王即位，伍奢、费无忌同为楚国大臣，费无忌为争权夺利，向楚平王进谗言陷害伍奢父子。次子伍子胥听到消息后，自知大事不妙，逃至陈国。适逢陈国内乱，不可久留，又向吴国逃跑。逃至昭关见关口把守森严，到处张贴捉拿伍子胥的画像，只好在山中扁鹊弟子皇甫衲家中暂时躲避。夜深之际，辗转反侧，不能入眠。待天明对镜一看，竟是满头白发。"真是天无绝人之路！"伍子胥即乔装为鹤发老者，蒙混过了昭关。

▶ 怀英亭

1932 年中共皖西北道委从麻埠迁至英山陶家河，桃花冲即成为红色根据地。1934 年 9 月，中共鄂豫皖省委机关和红二十五军由安徽省太湖移至桃花冲，开辟了新苏区。同年 11 月 16 日，红二十五军开始北上长征。而鄂豫皖省委常委高敬亭则在桃花冲重建红二十八军，开辟了英霍边界根据地。

1936年6月至1938年，红二十八军在大别山坚持游击战争，参加大小战斗200多次，成为鄂豫皖红军坚持抗日战争的中心驻地。

▶ 大别山革命历史纪念碑

20世纪90年代，桃花冲人民在大别山海拔1300余米的大旗岭上修建了大别山革命历史纪念碑，以永远铭记革命先辈的丰功伟绩，传承弘扬百折不挠的红军革命精神。刘邓大军以此为中心，迂回鏖战。

▶ 烽火曙光台

从烽火曙光台可看到大别山雄奇秀丽的风光，这里也是湖北省"迎接新世纪"的"登吴楚古长城，迎新世纪第一缕曙光"的活动举办地。

▶ 红军医院

1934—1936年，高敬亭率领的红二十八军在内无粮草、外无援兵，又无法与党中央取得联系的情况下，高举中国共产党的伟大旗帜，在鄂豫皖地区人民的大力支持下，在桃花冲设立"山林医院"救治红军，独立自主地坚持了艰苦卓绝的3年游击战争。

▶ 红二十八军纪念馆

英山是一片红色的土地，是"一寸山河一寸血，一抔热土一抔魂"的英雄之地，而桃花冲就是这片土地上一颗熠熠生辉的红色明珠，是红二十八军的重要根据地。在南方八省14个游击区中，红二十八军是其中唯一保留了军级建制的红军部队。红二十八军是第二次国内革命战争时期在鄂豫皖

边区坚持斗争的一支革命队伍。在红四方面军主力和红二十五军先后撤出鄂豫皖革命根据地后，红二十八军继续坚持大别山的革命斗争，英勇顽强、艰苦奋斗，为坚持和巩固鄂豫皖革命根据地，打击和牵制国民党军队，做出了重大贡献。

在中国共产党的建军史上，红二十八军无疑是最富有传奇色彩的神勇之师。其三次组建，三次都立下赫赫战功。前两次编入红二十五军，第三次编入新四军，组建成新四军第四支队。

四季花海

四季花海景区占地面积超 4 平方千米，总投资 16.6 亿元。2017 年 4 月开园，先后获得国家 AAAA 级旅游景区、最美乡村旅游目的地、湖北省直机关党员干部教育基地等荣誉。

▶ 花千谷

春季是郁金香盛开的时节，还有大片的羽衣甘蓝盛开，角堇也陆陆续续进入"秀晒炫"状态。可以看到五颜六色的花朵洋溢着喜悦与热爱，构建一幅春季花海的绝美画卷，色彩绚丽的叶子也如同盛开的大花朵，格外醒目，仙气十足。

▶ 海棠园

海棠园主要品种有贴梗海棠、垂丝海棠、木瓜海棠、西府海棠，花期在每年的 3—4 月。苏东坡"只恐夜深花睡去，故烧高烛照红妆"的著名诗句就是赞美海棠花盛开的景象。敬爱的周恩来总理在中南海西花厅工作时，室外栽种的就是百年西府海棠。此处建造海棠园的初心也是表达对周总理的一种缅怀。

▶ 瞭望台

瞭望台是景区最高点,站在这里,可以看到美丽的英山县城辖镇——温泉镇。

▶ 林下花海

在郁郁葱葱的松林下,按照季节,栽种的有纯洁娇嫩的百合、清新淡雅的大花绣球,还有谦逊质朴的石蒜、美丽月见草、玉簪等十几个品种,竞相开放,形成林间唯美花海场景。走在林下花海的小道上,自有一股淡淡的、暖暖的大美意境之气从心底涌出,给人一种清凉、幽静、回归丛林的感觉,行走其间,能充分地享受大自然的山野情趣。

▶ 非物质文化遗产街

在非物质文化遗产街上,可以捏泥人、雕面塑、画脸谱、剪纸等,体验非物质文化遗产的特色。

▶ 大别山革命历史文化陈列馆

大别山革命历史文化陈列馆是湖北省首个以大别山红色文化为主题的专题馆,也是首个全面系统展示大别山红色文化的展馆。大别山革命历史文化陈列馆开馆,为景区再添一抹红色魅力,为花海再添一张红色文化名片。

陈列馆的"辉煌大别山"部分,展示的是大别山的重大历史事件,在了解这些重大历史事件之前,要了解整个馆内所展示的内容。简单地说,大别山是一方孕育革命的热土,是一首彪炳千秋的英雄史诗,是一幅气吞山河的历史画卷,是一座镌刻红色革命的历史丰碑!

大别山是淮河和长江的分水岭，境内群山起伏、河流密布，地势险要，历来为兵家必争之地。陈列馆展示的大别山是建党的策源地。何以见得？

▶ 紫薇园

紫薇园是景区最大的单品花木景观园，面积达 8 万平方米。紫薇花的花期是 7—10 月，花期很长。俗话说花无百日红，但是紫薇花可以做到，甚至更长。紫薇园对面是银杏岭，栽种的是金色活化石——银杏，"银杏"这一名还是宋仁宗所取。到了秋天，银杏岭是景区一道不可多得的风景线。

▶ 花立方展览馆

花立方展览馆面积 15000 平方米，是华中地区首个大型蝴蝶和四季精品花卉主题展馆，大型顶棚采用特色智能玻璃温控，自动调节室内温度。各种花卉千姿百态，娇艳欲滴，其造型有花墙、花房、花柱、花雕、花廊等多种立体展示。在这里，足不出户，就可以真正阅尽人间春色，满足大家对四季赏花和新、奇、特名贵花卉的观赏需求。

花立方展览馆里的"童玩世界"适合带有小朋友的游客们，里面有游客电动区、积木区、百万球池区、手工 DIY 创作区，满足不同年龄孩子的游览需求。旁边有 VR 潮玩亿创空间体验馆，炫酷的 VR 世界，科技感十足。

在展览馆外面不远处，还有花海卡丁车、开心靶场、亲子乐园等娱乐项目，这些游乐设施布置在青山花道，游客可在尽情赏花的同时嗨个不停。玩累后可以游览七彩月季园，这是以月季为主的特色专类园。

▶ 长征精神体验园

长征精神体验园的正大门上有一副对联——"斧头劈开新世界，镰刀割断旧乾坤"。这副对联对仗工整、气势恢宏，大有气吞山河之势，被誉为"中国红色第一联"。那么是谁写的对联呢？它的作者既不是伟人、将军，也不是文人学者，而是一位普普通通的土秀才。在这副对联里还藏着一个惊心动魄的故事呢。在 1933 年 10 月，红三十军进驻原达县梓桐乡（旧称梓潼），当地的土豪劣绅拖家带口闻风而逃。因此，红三十军政治部就设在了伪乡长杜光庭的庄园。红军的到来让当地老百姓何永瑞、何芳泽父子看到了新世界的曙光，特地撰写一副对联来欢迎红军。当他们看到政治部门口军旗上面的镰刀和斧头的图案时，顿时来了灵感，几经推敲，琢磨出了这副对联。"斧头劈开新世界，镰刀割断旧乾坤"，读来朗朗上口，更鼓舞着千百万无产阶级战士奋勇向前。红三十军战士将对联刻在了政治部门口的石朝门柱上。1935 年红军告别父老乡亲，实行战略大转移。红军走后，杜光庭回到自己家中发现了对联的痕迹，心里想毁掉它又有些害怕，考虑到换掉石柱要花费一大笔钱，更担心这样会破坏自家的风水，于是他命家丁用石灰浆将其抹平。直到 1959 年，这副对联的石刻原件被运往北京，陈列于中国国家博物馆，成为珍贵的历史文物。

接下来,就是长征精神体验园的将军路。在将军路上,我们可以看到红二十五军 100 位革命人物,其中有开国将军 97 位,曾担任国家领导人的 3 位。他们在革命的腥风血雨中,都曾驰骋大别山抗敌疆场,为建立中华人民共和国立下了丰功伟绩。首先,让我们一起来缅怀中国工农红军和中国人民解放军的主要领导人之一、共和国 36 名军事家之一的徐海东。

徐海东,湖北大悟人。历任中国工农红军第四方面军独立师师长,红二十五军、红二十八军军长,红十五军团军团长等职。他身经百战,功勋卓著,拥有丰富的实战经验和高超的指挥艺术。

毛主席曾高度赞扬徐海东是对中国革命有大功的人,是中国工人阶级的一面旗帜。毛主席与徐海东之间还曾有一段有趣的故事——毛主席向徐海东借钱。

1935 年 10 月,中央红军经过两万五千里长征到达陕北,部队已经弹尽粮绝,衣衫褴褛,吃穿过冬成了首要问题。忧心忡忡的毛主席想到了先期到达陕北的红二十五军,便亲笔给红二十五军军长徐海东写了一封信,信上写道:海东同志,你好!因部队过冬吃、穿出现困难,特向你借款 2500 元。最后署名是毛泽东。徐海东看完毛主席的来信,心中也是五味杂陈。一方面是为毛主席对自己的信任而感动;另一方面又为自己没有事先想到中央的困难而让主席跟自己开口借钱感到非常内疚。便派人叫来了查国桢部长,询问他还有多少家底。查国桢回答:"还剩 7000 元。"徐海东坚决地说:"留下 2000 块,拿出 5000 块立即送到中央那里。"这 5000 元对困境中的中央红军真是雪中送炭。

徐海东一生受了 10 多次伤,66 名亲属献身了革命。徐海东在日后的回忆自传中说:"我无法用言语去表达一个失去亲人的人的痛苦,但我同时想到祖国的革命事业,是由无数抛头颅、洒热血的人们换回来的,所以此刻我只有无上的崇敬和缅怀之情。"

大别山是革命的摇篮、将军的故乡,红二十五军在这里创建,在这里成长,为中央红军落脚陕北夯实了基础。红二十五军孕育了百位将军,这条将军路记载了将军们在战争年代的悲壮事迹,展现了他们坚守信念、胸怀全局、团结一心、勇当前锋的大别山精神,对党和革命事业的忠诚。这是激励后人为中华民族的复兴、祖国的强盛、人民的幸福而奋斗的宝贵精神财富。

▶ 花乐汤温泉

花乐汤温泉景区占地面积 30000 平方米,池区面积 20000 平方米,大小泡池 68 个,均为室外森林花海天然温泉泡池。温泉池区分为空谷幽兰、飞瀑流泉、曲水流觞、高山流水、琼台仙境五大特色区域,有放松身心的动感 SPA 池,欢乐无比的儿童戏水乐园池,私密有趣的花神浴池、仙女浴池,功效多样的中药养生池等各具功能、各富特色的温泉池。室内休闲中心有特色汗蒸、KTV 唱吧、室内高尔夫、儿童乐园、休闲书吧等各项娱乐休闲设施。

● 天马寨

天马寨位于湖北英山境内,古为蕲黄四十八寨之一,沿东西走向顺东河流域绵延十里,西与英山古八景之仙人挑担篓子石毗邻相望,因为形似一匹奔腾的骏马,原名天马山。后明代马朝柱起兵造反,曾占据天马山筑寨称王,故天马山被人们称为天马寨。

天马寨景区位于英山县雷家店镇,旅游景点星罗棋布,有仙人挑担篓子石、独秀峰、丹青瀑、仙女溪等。在天马寨,春可赏五彩花海,夏可享森林康养,秋可游古道兵寨,冬可遇冰雪奇观,真正是一年四季,处处是美景!

春季正是赏花的好时节!每年春季,天马寨有野樱花花海、五彩杜鹃花花海、油桐花花海轮番呈现,不愧是云上的花市!

五彩花海景区是一处不可多得的原生态高山赏花游览区,天马寨的杜鹃花全部都是原生态,没有一花一株是人工移植。因天马寨地理位置、自然气候独特,这里有大量的紫杜鹃与红杜鹃共生共荣,相互媲美,这一特色在其他地区难得一见。当你穿行于天马寨的崇山峻岭中,徜徉在杜鹃花花海里时,一定会赞叹这里是"人间仙境"。

除了杜鹃花花海盛景，天马寨还有华中最大的野樱花群落。野樱树生长缓慢，有着很结实、很有弹性的木质，古时是姑娘出嫁做嫁妆的上好木材。野樱花主要分布在天马寨的山腰上，面积超万亩。盛开的樱花好像朵朵白云，在天马寨幽暗的树林里"点燃"起一抹亮色。粉色的野樱花像少女粉嫩的脸蛋，素洁可爱。除此之外，天马寨还有油桐花花海。阳春三月，盛开的万亩油桐花，犹如一道道乳黄色的绸缎，缠绕在天马寨、独秀峰的山脚下，如游龙戏水，气象万千。

游完花海，可到高山玻璃观景平台拍照游览。给恐高的游客一个小小的提醒：这些七彩动感玻璃是模拟的"一踩即碎"，不用怕哦。

爬山很累，但下山的行程是非常轻松的，可以坐着欣赏美景啦！没有索道，但我们有花道呀！

英山县烈士陵园

英山县烈士陵园始建于 1956 年，占地面积 53280 平方米，位于温泉城区中心地带，是省级烈士纪念建筑物保护单位、湖北省爱国主义教育基地、大别山生态旅游区定点接待单位、湖北省十大红色旅游景区、全国红色旅游百家经典景区、国家 AAA 级旅游景区，2016 年被国务院批准为国家级烈士纪念设施。

烈士陵园整体依山就势而建，形成了一塔（七层革命烈士纪念塔）、两馆（烈士纪念馆和陈列馆）、三亭（揭竿亭、曙光亭和御侮亭）、两碑（烈士纪念碑和抗日阵亡将士纪念碑）及以革命烈士墓群为主线的烈士纪念建筑物，红色旅游资源丰富，特色明显。园区苍松翠柏环绕，四季鸟语花香，游人如织，雄浑壮观的纪念碑在蓝天白云的映衬下显得格外庄严肃穆。

园区内烈士纪念馆陈列着大革命时期、土地革命时期、抗日战争时期以及解放战争时期为国牺牲的烈士们的遗物和文字记载，收藏有周恩来、朱德、董必武等同志的亲笔题词和亲笔信函等镇园之宝。

英山是一块革命的土地，这里曾孕育出一大批仁人志士，如辛亥革命元老傅慧初、西伯利亚调查专员王孰闻等。英山早在 1927 年就建立了第一个党支部——蔡家畈党支部，1930 年建立了苏维埃政权。

革命战争年代，英山有10万多人参军参战，牺牲了2万多位优秀儿女。刘、邓首长指挥部队以英山为后方，迂回穿插浴血鏖战在大别山区，因此，英山被誉为"血染红土三尺深"的英雄土地。鉴于此，1956年国家特别批准在鄂皖八县之中的英山修建革命烈士陵园，以告慰大别山区数以万计革命先烈的英灵，激励后人缅怀先烈，继承遗志，不忘初心，继续前进。

红色经典，与日月争辉，与山河同色，英山县烈士陵园正以它强大的教育功能启迪年轻一代成为支撑祖国这片天空的脊梁，激励着人们奋勇向前，去开创更加美好的明天！

乌云山茶叶公园

中国茶的发现和利用已有5000余年历史，且长盛不衰，传遍全球。茶是中华民族的举国之饮，它发于神农，兴于唐代，盛于宋代，普及于清明之时。中国茶文化还糅合佛、儒、道诸派思想，独成一体，可以说是中国文化中的一朵奇葩。相传，清代乾隆皇帝微服私访，来到乌云山村一户农家，觉得口渴难忍，就喝了一壶农妇用自家的茶叶泡制的茶水，顿时感觉口齿留香、心旷神怡，于是连声称道："好茶，好茶。"自此，乌云山的茶叶便名扬天下。

乌云山茶叶公园是国家AAA级旅游景区，是全国第一家以茶叶命名的公园，坐落于湖北省英山县红山镇，距武英高速出口处1千米。茶园面积约30万平方米。它优美的自然景观与鲜活的人文景观浑然一体，相互映衬，具有极高的旅游观赏价值。乌云山村是"中国最美休闲乡村""全国农业休闲旅游示范点"，也被誉为大别山中农业生态旅游的"绿色明珠"，所开发出的"乌山春"牌英山云雾系列名优茶产品，还获得过"陆羽杯"银奖、"鄂茶杯"金奖，也赢得了全国各地游客和客商的青睐。

月牙湖、碧玉湖、仙人池三湖映照乌云寺，品茗亭、望仙亭、茶轩亭三亭衬托出倒挂仙人的一番妙景，真可谓"奇山秀水衬古寺，新村亭阁缀画图"。大家是不是要问古寺在哪里呢？乌云山茶叶公园除了茶叶闻名遐迩外，还有着极其富有传奇色彩的佛教活动场所，那就是乌云寺。据记载，乌云寺是湖北省很早供奉弥勒佛的寺宇之一。

为什么又说它富有传奇色彩呢？是因为这里有英山县十景之一的"乌云朱迹"和"倒挂仙人"。这巨石如削、高数十丈的天然石迹，其形状如手抱婴儿的妇女倒挂其上，就是"倒挂仙人"。相传一妇女带着孩子上乌云寺进香，遇匪徒逼至悬崖前，为避免受辱而跳崖。此时晴空霹雷，一道闪电将妇女抱婴跳崖的倒影摄于崖壁。后有别号"梅圃"的秀才提诗于壁上，"壁间仙影倒悬奇，手抱婴儿几度悲。云鬟摧残添野棘，霞裳剥落积封泥。血斑溅石千年恨，性烈惊猿午夜啼。试问两人当日事，拼生崖下为阿谁？"时至今日，虽然日晒风蚀、雷击雨浇，可这崖壁的影像还是清晰可见。

乌云山茶叶公园是历史的，也是现代的；它是自然的，也是人文的。乌云山茶叶公园通过央视节目《乡约》、湖北电视台节目《垄上行》等展示了茶乡风貌，推介茶叶品牌，促进茶旅融合。

神峰山庄

神峰山庄是国家AAA级旅游景区、五星级农家乐、国家精准扶贫样板工程。神峰山庄位于英山县孔家坊乡境内，背靠神峰山，面临玉带西河。这里是传统的老北京特色四合院建筑，是一个宜居、宜养、宜游的好地方。

▶ 海参宴

在这里，我们可以品尝到最传统、地道的农家菜"十大碗"；在这里，饮食文化与现代生态农业文化相聚，我们可以体验到大别山的山清水秀、人杰地灵、物华天宝。神峰山庄结合自己的生态循环农业优势，农家菜的所有食材都来自自己的种养基地，让大家感受到最纯正的山里特色，还通过木托盘、八仙桌、长条凳等传统器具以及开席、圆席燃放鞭炮等隆重的礼节表示对游客的尊重和欢迎。团团圆圆、添福添寿、吉祥如意、十全十美等菜名，都包含着对游客美好的祝福。

▶ 印象大别山晚会

除了美食，还有一道视觉盛宴——印象大别山晚会。我们可以看到原汁原味的山歌、哭嫁等节目,它们把大别山的民俗文化体现得淋漓尽致,还有红色追忆系列让硝烟战火的岁月重现。当年,英山仅 21 万人,就有十万之众参军参战。从这里走出了红一军、红四军、红十五军、红二十五军、红二十七军和红二十八军。国难当头,在大别山深处,处处可以看到父母送儿女、妻子送丈夫、妹妹送哥哥上阵杀敌,报效祖国。"天下兴亡,匹夫有责",没有国泰,哪有民安?无数的英山儿女,前赴后继,无怨无悔。这英雄的山,这英雄的水,养育了这一方英雄的儿女,铸就了这血染红土三尺深的红色英山。

神峰山庄从红色中走来,向绿色中走去。2013 年,孔家坊乡郑家冲村建立了第一个生态循环农业示范基地,以种养结合生态循环的模式,实现了零污染、零排放。基地发展八年来,村庄里生态保存完好,乡村美如画,忠实践行了习总书记"绿水青山就是金山银山"的绿色发展理念。八年来,两县七乡镇 40 个村建立了 40 多个基地,让更多的乡亲在家门口就业,有尊严地脱贫,为新时期的乡村振兴增辉添彩。

童玩谷生态园

童玩谷生态园位于毕昇故里湖北省黄冈市英山县的武英高速杨柳出口位置,规划面积约 0.7 平方千米,总投资 1.8 亿元,是鄂东地区最具特色的亲子旅游目的地和湖北省中小学生研学实践教育基地。在童玩谷生态园内,设有毕昇活字印刷体验馆、陶艺彩绘体验馆、"团黄贡茶"非遗制茶体验馆、热带植物科普馆、土灶烹饪体验区、动物观赏区、农耕农作体验园、果蔬采摘园、游乐项目体验区、文艺汇演区和团队拓展区等。

童玩谷生态园开园营业后,受到了广大游客的热烈欢迎。童玩谷生态园现已顺利通过国家 AAA 级旅游景区和湖北省中小学生研学旅行实践教育基地的考核验收,是鄂东地区组织开展研学旅行活动时间最早、参与范围最广泛、课程最丰富的研学基地。

▶ 毕昇活字印刷体验馆

印刷术是中国古代四大发明之一，毕昇发明的活字印刷术为人类文明文化传播、思想交流提供了新的方法，加快了人类社会前进步伐。我们可以在亲近自然，体验"中国好空气，英山森呼吸"的同时，在毕昇活字印刷体验馆和毕昇纪念馆了解中国古代四大发明的知识和深远影响，深层次地学习印刷发展史和活字印刷术的制作流程。

▶ 英山云雾茶采茶制茶体验园

英山是"中国茶叶之乡"，英山云雾茶是国家地理标志保护产品。在童玩谷生态园内，有近百亩团黄贡茶原生态体验园，"团黄"在唐代即和"祁门""黄芽"被评为贡茶中的"淮南三茗"。参观完后，我们可以品尝一下中国历史文化名茶的滋味，感受来自中国茶叶之乡的原生态气息。

▶ 热带植物科普馆

童玩谷生态园的热带植物科普馆占地面积 3000 多平方米，由智能玻璃温室建造而成，通过电脑调控温室的阳光、温度和湿度，使玻璃温室内 100 多种来自世界各地的热带植物在华中地区茁壮成长。

▶ 大别山民俗文化体验馆

大别山地区的民俗文化丰富多彩，是中国传统文化中最有生命力的一支。走进民俗文化体验馆，我们可以了解学习大别山地区的农耕农具、风俗习惯，这里面蕴含着浓浓的家乡情和对民族的爱。在大别山陶艺体验馆，我们可以观看视频，了解中国古代陶艺发展历史，体会传统文明与现代工艺的结合，感受劳动人民的智慧。

▶ 大别山红色文化体验馆

英山是鄂豫皖革命根据地的重要组成部分，红四军从这里西征，红二十七军在这里诞生，红二十五军由此北上长征，新四军以此为坚持抗战的游击区，刘邓大军以此为后方，迂回穿插，浴血奋战在大别山区，被誉为"血染红土三尺深"的英雄土地。

一多故里 秀美浠水

三山六丘一平原，田园水面在其间。浠水南邻长江，北依大别山，拥有百里长江岸线。浠水县原名蕲水县，1933年改名，有着1570多年的建县历史，著名爱国诗人闻一多就出生在浠水县巴河镇的望天湖畔。"照野弥弥浅浪，横空隐隐层霄。障泥未解玉骢骄，我欲醉眠芳草。"1000多年前，浠水美景曾让苏东坡沉醉其中。

浠水县地处大别山南麓、长江中游北岸，全县总面积1949.3平方千米，是大别山革命老区重要组成部分，拥有"国家主体功能示范区建设试点县""长江经济带国家级转型升级示范区""国家级高新区"三张名片。县内人文资源中外闻名、传承久远，旅游资源丰富多彩、特色鲜明，文化旅游融合发展的优势独特和潜力巨大。

浠水交通发达。浠水背靠大别山，面临长江，自古便有"水陆要冲，鄂东门户"之称。境内2条铁路（京九铁路贯通全境，黄黄高铁已通车运行），4条高速（沪蓉、大广、武英、麻阳高速）纵横交错，3处深水码头通江达海，与黄石市隔江相望、互通互融。浠水县城距武汉天河机场、九江国际机场均在100千米左右，到北京、上海、广州朝发夕至。

浠水人杰地灵。北宋名医庞安时的《伤寒总病论》在药理、医理、医疗诸方面，为祖国中医学留下了宝贵的财富。浠水还是明代宰相姚明恭，清代文武状元陈沆，辛亥革命功臣汤化龙，近代新儒学大师徐复观，伟大的爱国主义者、民主革命战士和杰出的诗人、学者闻一多的故乡，也是董必武、徐向前、刘伯承、邓小平、李先念等老一辈无产阶级革命家生活和战斗过的地方。

浠水物产丰富。浠水农业历史悠久，是农业部、中国农科院"两大战略"示范县，全国双低油生产大县，全国水产大县，油料生产位于全国百强大县之列。巴河藕、策湖螃蟹为明清两代贡品，被列入《中国菜谱》。豆油、粉丝、葛根、山药等产品品质优良，深受广大消费者喜爱。

浠水山川秀美。北部崇山峻岭，南部江湖连片，中部丘陵起伏，有国家级森林公园、国家AAAA级旅游景区三角山，有禅宗三祖僧璨说法的天然寺和"佛教圣地"斗方山禅寺，有鄂东第一人工水库白莲河水库，有明清建筑群文庙（博物馆），有闻一多纪念馆，还有孙策操练水军的策湖湿地公园。杜牧、苏东坡、王羲之、黄庭坚等人曾多次到此游览，留下许多脍炙人口的诗篇。

近年来，浠水县委、县政府以创建国家公共文化服务体系示范区和推进农文旅产业链发展为重要抓手，科学规划布局，完善基础配套，大力实施农旅、文旅、康旅融合，全面加快了文旅产业发展，积极发挥重点项目的示范引领作用。以"旅游＋体育"方式提档升级三角山为国家AAAA级旅游景区，在休闲避暑传统优势上重点打造登山健身游步道、四季滑雪场、峡谷漂流、房车营地、勇者蹦极等多个项目，赋予其时尚运动内涵；树立产业融合发展理念，重点引进了集康养、影视文化于一体的楚城，集康养度假、休闲娱乐、体育健身于一体的融城文体康养城等一批投资超过20亿元的项目落地建设。文旅产业发展已逐步变蓝图为实景，浠水未来可期。

接下来让我们一起去参观游览浠水的风光美景，体验浠水的风土人情，感受大美浠水！

● 三角山风景区

三角山位于浠水县东部，鄂东大别山南麓。三角山面积64平方千米，是鄂东地区著名的革命老区和大别山红色旅游区的重要组成部分。

三角山是一座革命的山，更是一片红色的土地。革命战争年代，三角山是鄂豫皖苏区的重要组成部分，是中国共产党领导的红四军、红十五军、红二十八军等和刘邓大军转战大别山的重要革命

根据地。刘伯承、邓小平、徐向前、李先念、高敬亭、张体学等老一辈革命家曾先后在此浴血奋战，留下了光辉的革命足迹，这里长眠着无数英勇牺牲的革命英烈，革命遗迹到处可见。其中较为著名的有湖北省境内唯一保存的抗日民主政府旧址；有当时作为新四军后方医院的碧仙洞；有张体学将军当时的作战指挥部革命洞；有刘伯承、邓小平挥师南下时，指挥著名的高山铺战役时的指挥所和视察地形时所留影的屏风寨东门，留影照片现珍藏在中国人民革命军事博物馆里。这些革命遗迹是三角山红色旅游的宝贵资源，更是激励新时代的三角山人不忘初心、牢记使命、开拓进取、奋勇拼搏的精神动力和源泉。

▶ 刘邓大军指挥所

刘邓大军在棋盘石的指挥所是1947年8月刘邓大军进驻三角山时设立的，直至1948年初刘邓大军主力离开，一直是刘邓大军的战地指挥所，是三角山一处重要的红色旅游景点。

▶ 红二十八军游击根据地纪念碑

红二十八军游击根据地纪念碑位于浠水三角山旅游度假区管理委员会后300米处。2011年8月，浠水县人民政府将其列为重点文物保护单位。

红二十八军是红四方面军撤离鄂豫皖边区后留下的一支具有光荣革命传统的英雄部队，在高敬亭的率领下，开展艰苦卓绝的游击战争，牵制敌正规军最多时达68个团，约17万人，歼敌18个营又15个连和大量反动民团武装，粉碎了敌人的多次"清剿"，使革命的红旗始终飘扬在大别山。同时，红二十八军有力支援了主力红军的战略转移，配合了南方各省红军的斗争。浠水是红二十八军活动非常频繁的地区。

1935年2月，刚刚重建的红二十八军和第四路、第五路游击师派出一批干部到浠蕲英边三角山等地，组建三角山便衣队，把根据地扩大到蕲春和浠水。

1936年1月5日，红二十八军各部在三角山会合，第五路游击师恢复红二十八军第二四四团第三营番号。高敬亭主持召开了著名的三角山会议，总结一年来战术手段和战斗作风方面的基本经验，决定部队由山区向平原发展，开展平原游击战争。主力转移之后，红二十八军82师一大批伤病员留在三角山治病养伤，后在当地群众和党组织的积极掩护下，开展游击战争，长达四年之久，留下了许多的革命遗址和可歌可泣的英雄故事。

1938年1月，红二十八军正式改编为新四军第四支队，从此离开了大别山。

1940年，中国共产党在这里建立三角山区委，县抗日民主政府就设在东麓的李家宕。高敬亭、张体学、王全国、钟子恕等曾在此指挥战斗。1943年，新四军5师14旅政委张体学率领新四军41团、42团在三角山一带坚持抗战。新四军5师师长、政委李先念曾在此指挥抗日斗争。

2000年，浠水县政府在三角山建立了红二十八军游击根据地纪念碑，三角山已成为湖北省和黄冈市两级爱国主义教育场所。

历史不会忘记，高矗的胜利丰碑是无数先烈用热血和头颅垒就的，如今的光明和幸福是他们用鲜血换来的。不忘初心，放眼未来，让我们学习先辈的爱国主义精神和英雄气概，做中华民族伟大复兴事业的开拓者，为建设新时代中国特色社会主义国家贡献我们的智慧和力量！

▶ 革命洞

这座石洞空间不大，很不起眼，可是在革命时期，它立下了汗马功劳。革命洞是张体学将军当时的作战指挥部。1984年5月，浠水县人民政府将其列为重点文物保护单位。

1940年，张体学率部到达浠蕲英边的三角山，侦察到三角山上的三角寺中驻有蕲春县自卫队两个中队300余人。他们不抗日，却对抗日的人民群众残酷迫害，无恶不作。张体学在石洞里研究决定，部署包围三角寺，出其不意，发动突然袭击，消灭伪自卫队，拔掉了这个反动据点。

张体学率部在鄂东进行游击战时期，常常将革命洞作为指挥所。1940—1948年，刘西尧、张体学、赵辛初等同志就是依靠这些洞穴与敌人周旋，最后取得革命的胜利。张体学同志等17名战士有一次遇险后就住在这个石洞里，靠三角山上的僧人传信息，送吃的和药物。他们被困了七天七夜，敌人撤退后才脱险。中华人民共和国成立后，张体学同志在此题写"革命洞"三个字刻在石上，供后人瞻仰，进行革命传统教育。

▶ 屏风寨东门

这道阅尽岁月沧桑、历经大自然洗刷，保存下来的一段古城墙，就是著名的鄂东古寨——屏风寨遗迹。三角山屏风寨的东门是刘邓大军千里跃进大别山，刘伯承同志留影过的地方。东门为石质结构，门高2.3米、宽1.8米，门墙厚3.2米，依山建筑，门上有横梁，门两边城墙依存。1984年5月，浠水县人民政府将其列为重点文物保护单位。

1947年，刘邓大军千里跃进大别山。为了歼灭尾追刘邓大军的国民党军40师和整编52师82旅，刘、邓首长英明决断，部署了著名的高山铺战役。1947年10月21日，多次负伤的刘伯承司令员拒绝了警卫战士为他准备的滑竿，拄着竹棍向上攀登，不辞劳苦登上了三角山顶峰，用望远镜向南面蕲春县境远眺，仔细视察地形。当刘伯承司令员走到屏风寨东门时，与刘邓大军组织部部长陈鹤桥、保卫科科长张之轩合影留念（照片现珍藏在中国人民革命军事博物馆）。之后就地研究，做出具体战斗部署。刘、邓首长坐镇三角山战地指挥所亲自指挥战斗，全歼敌军40师和整编52师82旅，共计12000余人，击落敌机一架。高山铺战役取得了重大胜利，为保护、重建大别山根据地扫清了障碍，奠定了基础。

▶ 抗日民主政府旧址

抗日民主政府旧址位于浠水三角山旅游度假区管理委员会李宕村一组李家花屋，是新四军和游击队开展抗日斗争的腹地，现保存完好。1984年5月，浠水县人民政府将其列为重点文物保护单位；2001年2月，黄冈市人民政府公布其为重点文物保护单位。

1941年11月，在蕲春田家桥上塆成立蕲（春）太（湖）英（山）边的抗日民主政权机构——蕲太英边军民联合办事处。不久，在浠水县李宕村李家花屋建立抗日民主政府，亦称设公堂。抗日民主政府专为当地的老百姓申冤雪恨。办事处公正处理了大量案件，赢得了根据地广大群众的高度赞扬，不法地主、劣绅也不敢在人民群众面前作恶了。有些开明绅士在我党抗日民族统一战线政策的感召下，积极掩护伤员，筹粮筹款，保证部队给养，为抗战胜利打下了良好基础。

▶ 三角山革命烈士纪念碑

三角山革命烈士纪念碑位于浠水三角山旅游度假区管理委员会李宕村一组灵秀山庄南面约500米处。2011年8月，浠水县人民政府将其列为重点文物保护单位。在土地革命、抗日战争和解放战争时期，三角山革命根据地都秘密建有战时医院，收治大量的伤病员。仅1942年4月的一天，一次就收治50多名伤员和病员。这些伤员和病员，特别是重伤员，在艰苦的战争年代，因缺医少药，后来大多牺牲了，并埋葬于此。

1957年2月28日，为纪念这些无名革命烈士，浠水县蕲阳乡人民委员会在比较集中的墓地，立了4座高37.5厘米、宽64厘米的花岗岩石碑。

2003年4月5日，经过专家论证策划，修建了革命烈士纪念广场，立有花岗岩质革命烈士纪念碑，上书"英名无人知晓，业绩与世长存"，并委托湖北美术学院设计和制作了由怒吼、激战、凯旋、望归四个部分组成的抗日群雕。烈士们的丰功伟绩辉映日月，英雄们的革命精神万古长青！

▶ 老龙洞

1941年6月，蕲太英边县委正式成立。在蕲太英边县委的领导下，为了把三角山根据地办成新四军主力部队的大后方，三角山地区便衣队利用山上的老龙洞等石洞，办起了兵工厂和被服厂。

1942年4月，张体学司令员与便衣队教导员黄明清商量后，在浠蕲交界老龙洞办起了秘密医院，有50多名正规部队伤员、病员住院治疗。

▶ 新四军被服厂旧址

1942年冬，为解决三角山地区驻军部队和600多名便衣队员、党政工作人员棉衣、棉被问题，蕲太英边县委组织部副部长周省耕与黄明清一道，在三角山黄溪冲村六组宕儿塆办起了小型被服厂。被服厂是一座土砖瓦房，坐东朝西，占地面积约200平方米。新四军被服厂由地方工作人员肖有道、彭一门、陈相成管理，地方党支部组织2名觉悟高的妇女协助，他们买了2部缝纫机，请了3个裁缝。他们想办法筹到部分资金后，派人到黄冈、浠水县城等地买回一批白土布藏在山洞里。没有染料，就发动群众用木梓树叶、稻草灰、锅底灰染布。

为防止敌人破坏，被服厂曾多次转移，先后隐蔽在燕子寨、牛皮寨、马家垅、宕儿塆等地群众家中，进行紧张而艰苦的劳动。共计生产出夹被子、单衣、棉衣各1000余件，存放在各个山洞中，有计划地分发给部队的干部和战士。

闻一多纪念馆

闻一多是我国著名的诗人、学者,也是一位为建立中华人民共和国而献身的民主斗士。

展出的巨幅壁画《红烛序曲》中这样写道:

"红烛啊!这样红的烛!

诗人啊!吐出你的心来比比,可是一般颜色?"

这是70年前,青年诗人闻一多歌颂红烛奉献精神的一声歌唱。这是中国新型知识分子自我剖析,自觉走上实现人生价值道路的一声歌唱。

20世纪20年代,闻一多用文学激情歌颂红烛的烧蜡成灰而放出光和热的崇高品格,从生活中提炼创造出中国新诗的一个鲜明意象。20世纪40年代,闻一多又用自己真诚正直的人生、悲壮的殉难,把新诗的意象转换为实实在在的生活真实。红烛是诗人、学者、斗士闻一多的真实写照。红烛是闻一多用生命创造的最典型的艺术形象。《红烛》是闻一多第一本新诗集的名字,也是其中序诗的篇名。红烛集中体现了闻一多为民族、为理想而献身的精神!

巨幅壁画《红烛序曲》通高4米,全长14米。黑红金为主的色调,立刻把人带入一种庄严、悲怆、激越的气氛之中。布满墙面的、默默燃烧着的红烛群落,以闪烁的光芒,引发出悲壮奔腾的烈焰,又渐渐变为昂首回旋、隐约可见的凤鸟,寓意凤凰涅槃的崇高精神境界。

壁画中,黑发蓬松、口衔烟斗的闻一多,侧身回首,在变幻生发的火焰中显现,他神态自若,不像是告别亲人做永久的诀别,却像是在家里迎接来访的客人;他深邃的目光,不仅埋藏着深重的苦闷与忧患,而且内现着亲切深厚的期待与希望。

在散发着楚文化庄严色彩氛围的黑红色调里,壁画采用沥粉堆金的传统方法,篆写了《红烛》序诗的全文。闪烁的金光使红烛精神境界更加升华,而2000余年前的古书体,作为一种艺术符号,神秘幽深,又带给观众一种古老文化气氛。

整幅壁画以红烛为基础，歌颂红烛燃烧自己、照亮他人无私奉献的精神。红烛精神的内涵是莫问收获，但问耕耘。《红烛序曲》必将在人们心底发展变奏出更加宏伟的红烛颂歌。

▶ 华厦红烛　一代诗骄

1922年8月，闻一多抵达美国，他爱好美术，又认为"艺术是改造社会的急务"，所以进入芝加哥美术学院专攻美术。

闻一多的学习成绩很好，学校在一封介绍信中特别注明了他是同级中最好的学生之一。1923年，闻一多转到科罗拉多大学，不仅学美术，而且进修了英美文学。1924年又转至纽约学习。闻一多留美期间，诗兴常常超过画兴，抵美不久就创作了一批新诗。他从中精选了一部分，同在国内创作的部分诗歌汇集成册，由郭沫若帮助在上海出版，诗集名《红烛》。

闻一多很重视新诗评论和新诗理论研究。1922年11月，他评论俞平伯诗集《冬夜》的文章——《〈冬夜〉评论》与梁实秋评康白情诗集《草儿》的文章《〈草儿〉评论》合并出版，书名《〈冬夜〉〈草儿〉评论》。文中他第一次向世人表述了自己的新诗观，并引起了郭沫若的兴趣与高度赞扬。

1923年，闻一多发表的评郭沫若诗集《女神》的两篇文章，在早期诗歌理论中占有重要的地位。其中建立新诗民族风格的论述，以及"没有选择便没有艺术"等关于诗美的见解，都引起了诗坛的重视，并对新诗的发展起了重要作用。

闻一多诗歌的重要特色之一是具有强烈的爱国热情。他在美国远离故乡与亲人，又倍受种族歧视之苦，特别思念家乡与祖国。他说："诗人主要的天赋是爱，爱他的祖国，爱他的人民。"

他创作了许多著名的爱国诗篇，《太阳吟》《忆菊》等是其中杰出的代表作。他驰骋诗人的想象，要骑着太阳每日绕地球一周，以便天天望见一次家乡。他把菊花视为中国数千年文化的象征，纵情高呼，"我要赞美我祖国的花！我要赞美我如花的祖国！"

闻一多原是抱着艺术救国的思想选学美术的，但留美后期他逐渐意识到，要改变当时中国腐败落后的状态，振兴中华，单靠美术这条路是走不通的，"当今中国有急需焉，则政治之改良也。"于是他和部分清华留美同学联合发起组织了"大江会"。

1925年5月，闻一多不堪种族歧视之苦，又急于为救国救民做一番事业，提前一年结束了学业，离美回国。他回到祖国时，五卅惨案刚刚发生，全国各地掀起轰轰烈烈的反帝高潮。于是，他连续创作和发表了《醒呀！》《七子之歌》《洗衣曲》等一批爱国诗篇，有的诗前他还特别加了序或跋，表明自己的用心和心情，"这些是历年旅外因受帝国主义的闲气而喊出的不平的呼声"，"希望它们可以在同胞中激起一些敌忾，把激昂的民气变得更加激昂"。

1926年3月18日，军阀段祺瑞的卫队，开枪打死打伤李大钊等共产党人领导的大批游行请愿群众，制造了震惊全国的"三一八"惨案。闻一多对军阀的血腥暴行无比义愤，先后发表了《唁词》《文艺与爱国——纪念三月十八》《天安门》等诗文哀悼殉难烈士，赞颂和宣扬他们的伟大精神。在《文艺与爱国——纪念三月十八》一文中，他强调文艺与爱国应紧密结合，"我希望爱自由，爱正义，爱理想的热血要流在天安门，流在铁狮子胡同，但是也要流在笔尖，流在纸上"；还表达了对烈士的死难看法，"我们若得着死难者的热情的一部分，便可以在文艺上大成功；若得着死难者的热情的全部，便可以追他们的踪迹，杀身成仁了"。

这个时期,闻一多在理论与实践上对新诗的发展又做出了新的重大贡献。

1926年4月,闻一多应徐志摩之邀参加《晨报副刊·诗镌》的编辑工作,并与徐志摩、饶孟侃等诗友利用这个阵地,大力倡导新格律诗。同年5月,他在《晨报副刊·诗镌》发表了《诗的格律》。这是一篇非常有影响的论文。闻一多针对当时新诗的散文化倾向,从自然美与艺术美的根本关系上论证了建立新诗格律的必要性,并提出了诗要有音乐美、绘画美和建筑美的著名理论。他关于新诗格律化的倡导,影响了一代诗风,对新诗的进一步发展起到了很大的推动作用。

1928年1月,闻一多的第二部诗集《死水》出版。《死水》是闻一多的代表作,它延续了《红烛》的爱国主义主线,但在思想感情上表现得更加深沉含蓄,在艺术上更加成熟,特别是在实践新诗格律化方面取得了很大成功,完全形成了自己的独特风格。

《死水》的出版给新诗的发展造成了巨大影响,也进一步确立和提高了闻一多在新诗史上的地位。《死水》之后,闻一多基本上不再写诗,但他仍很关心新诗。随着后期思想的转变与提高,他的诗歌理论也发生了很大变化。

▶ 博古通今　学贯中西

闻一多回国后,曾先后在国立第四中山大学、武汉大学、青岛大学等校任职任教。1932年秋,他回到母校清华大学任中国文学教授。其间,他曾应国民革命军总政治部主任邓演达的邀请,任该部艺术股股长兼英文秘书。大约一个月后,他又离职回到原校教书。

1928年9月,闻一多被聘为武汉大学文学院院长兼中文系主任。从这时起,他开始把主要精力用于中国古代文学的教学和研究。但在开始的一段时期里,他常受外界条件的干扰,直到重回清华大学之后才真正做到全神贯注、专心致志地进行学术研究。当时他的雄心很大,他写信告诉老友饶孟侃,计划要完成《毛诗字典》《楚辞校议》等八大项专著。工作量很大,连他自己都讲"何时能完成很难说","也许永无成功的希望"。后来,据统计,仅《全唐诗人小传》就收集了406位诗人的材料,字数达60余万之多。

闻一多研究古籍既珍视前人的成果,又不迷信,他敢于大胆怀疑,独辟蹊径,采取中西结合的科学方法,不厌其烦翻遍群书,下了很大苦功,然后提出见解。因而立论虽新,却很有说服力。朱自清后来谈到闻一多,非常赞赏,"闻先生能体会到古代语言的表现方式,他的校勘古书,有些地方胆大得吓人,但却是细心吟味所得;平心静气读下去,不由得人不信。"

1937年7月,日本帝国主义发动了大规模侵华战争,侵略者的枪炮打破了闻一多平静的生活,他不得不离开北平回到武昌。

1938年2月,战局吃紧,由北京大学、清华大学、南开大学组成的长沙临时大学又奉命迁往云南,改名西南联合大学。闻一多不乘车不坐船,而参加了以学生为主体的湘黔滇旅行团,与同学们一起步行前往昆明。

旅行团2月19日离开长沙,4月28日到昆明,历时68天,跨越湘黔滇三省,行程1680余千米。路上闻一多兴致很高,画了几十幅速写,还指导同学们进行民情调查,收集民歌民谣。

闻一多到达昆明,许多人都深为惊讶和敬佩。当初从长沙出发时一位朋友曾说:"一多加入旅行团,应该带一具棺材走。"闻一多抵昆明后见了那位朋友便说:"假使我这次真带了棺材,现在就可以送给你了。"两人相视，哈哈大笑。

闻一多途中无空剃胡子，两个多月竟长出了一把飘洒的长须，他对这把胡须相当得意，特地写信告诉夫人，"这次临大到昆明，搬出好几个胡子，但大家都说只我与冯芝生的最美。"他还向人表示，这把胡须是抗战中蓄起来的，抗战不胜利，绝不剃掉。

▶ "璞堂"新篇

闻一多到云南后，先后在蒙自市、昆明市、晋宁县及市郊的陈家营、司家营、昆华中学等地住过，最后搬到昆明翠湖之滨西仓坡联大教职员宿舍。

闻一多在蒙自因整天在楼上看书搞研究，很少下楼，而获得"何妨一下楼主人"雅号。他当年住过的房间，1988年已辟为闻一多纪念室。

闻一多曾在陈家营与华罗庚隔帘而居。30多年后，华罗庚教授还念念不忘，曾专门作了一首诗，怀念这一段旧情。

昆华中学小楼，在闻一多的后期生活中，也是很有意义的。华岗、楚图南、尚钺、张光年等共产党人及联大同学中地下党支部的一些同志，都曾在这里与他深谈，对他坚定地走上革命道路，起到了不同程度的促进作用。也是在这里，吴晗介绍他加入了中国民主民盟。

闻一多到昆明以后，继续潜心古籍，他是从唐诗开始研究中国古代文学的，后来扩展到《诗经》《楚辞》《庄子》《周易》。为了挖掘古代社会的史料，探讨诗歌的渊源和中国文化的源头，他又研究了古代神话和人类文化学等。为了彻底弄清古汉字的本义，他还研究了钟鼎文、甲骨文。

他发表了一大批见解精辟的论文，出版了花费10年心血才完成的《楚辞校补》。他一生所写文稿已由武汉大学闻一多研究室分别整理成12卷本的《闻一多全集》。闻一多取得的巨大学术成就，使他在海内外学术界享有很高的地位。

为了宣传抗日，活跃文化生活，闻一多抵昆之初，曾先后参与话剧《祖国》和《原野》的演出活动，担任舞台布景和服装设计。他工作起来废寝忘食，事后曾对人说："不知者以为与曩日之教书匠判若两人，实则仍系回复故我耳。"

▶ 拍案而起　血洒千秋

抗日战争的中后期，国民党统治集团越来越腐败，政治上专制独裁，经济上货币贬值，物价暴涨，军事上连吃败仗，以蒋、宋、孔、陈为代表的反动统治集团借抗战之名，横征暴敛，作威作福，大发国难财。广大民众对抗战做出了巨大贡献，却在水深火热、饥寒交迫之中。

闻一多目睹这一切，心如刀绞，怒不可遏，认为再也不能不管了。他毅然拍案而起，用嘴和笔向反动派展开了斗争。

他大声呐喊，并且发表一系列杂文，抨击反动派，针砭时弊，激励人们起来战斗。他甚至在国民党军队召开的座谈会上大喊"现在只有一条路——革命"。事后不久，社会上盛传闻一多被解聘。延安《解放日报》为此发表文章，对先生表示慰问。

闻一多在前进的道路上，得到了中国共产党的热情关怀和帮助。1943年9月，中共中央南方局派华岗到昆明开展高层人士统战工作，带来了周恩来给中共云南省工委的指示信。信中指出，像闻一多这样的知识分子，对国民党反动派的腐败是反抗的，他们也在探索，在找出路，而且他们在学术界、在青年学生中还是有广泛的社会联系和影响的，应该争取他们，团结他们。

根据这封指示信的精神，中共云南省工委加强了对闻一多、吴晗等教授的团结工作。华岗同志亲自领导和主持了西南文化研究会，定期邀请进步教授学习座谈，介绍毛泽东关于新民主主义革命的思想和解放区情况，以及党对当前形势与任务的方针政策。通过座谈和大量的马列及毛泽东著作，闻一多的思想升华到一个更高的阶段。

抗战胜利的消息传出后，闻一多欣喜若狂，马上剃去蓄了8年的美髯。但是，国民党反动派却企图发动内战，抢夺人民的胜利果实。于是他又投入了反内战的斗争，四处奔走，出席各种会议，连续不断地发表演说和文章。为了草拟和润色文电、声明、宣言，他有时通宵达旦，双眼熬得通红。朋友们看到后，很为他的健康担心，他却笑着说："谁叫我是国文教员呢。"

1945年11月25日，西南联大、云南大学、中法大学及英语专科学校的学生在西南联大召开时事演讲会，国民党军警鸣枪威胁。学生们无比愤怒，联合罢课抗议。12月1日，暴徒们突然向学校发动猛烈袭击，当场打死4名学生，打伤数十名，制造了血腥的"一二·一"惨案。在这场斗争中，闻一多自始至终与学生们并肩战斗，直到取得斗争的基本胜利。闻先生撰写的《一二·一运动始末记》，镌刻在烈士陵园（西南联大（今云南师范大学））大门前火炬石柱基座上。

在烈士公祭典礼上，闻先生非常激愤地代表群众发出誓言，"我们一定为死者报仇，追捕凶手，我们要追到天涯海角，这辈子追不到下一辈子还追！"重庆《新华日报》上刊登了闻一多等人声援各地反内战的文电。

在党的领导下，昆明的民主运动蓬勃发展，如火如荼，在全国影响很大。而昆明的民主运动又以西南联大学生为主力，正因如此，西南联大以"民主堡垒"而闻名。闻一多在学生中的威望极高，号召力极大，所以敌人对闻先生又恨又怕，务必除之而后快。

李公朴是全国闻名的"爱国七君子"之一、中国民主同盟中央执行委员，从抗战初期就来到昆明开展抗日救亡宣传，后来又积极参加民主运动，在全国和昆明的青年中都有很大影响。因而他早就被国民党反动派所忌恨。

"一二·一"运动后，国民党特务用大字墙报到处造谣，"李公朴携巨款来昆密谋暴动"，"民盟云南支部组织暗杀公司董事长闻一多夫（指闻一多）"，还扬言"悬赏四十万元购闻一多的头"。闻一多将生死置之度外，对敌人的这些威胁不屑一顾，更坚强地继续坚持斗争。李公朴说："我随时准备前脚跨出大门，后脚就不准备再跨进大门。"闻一多则表示："民不畏死，奈何以死惧之！"

1946年7月11日晚，国民党反动派暗杀了李公朴。闻一多无限悲痛呼，"公朴没有死！公朴没有死！"

公朴先生被刺后，社会上盛传敌人的黑名单上，第二个就是闻一多。整个昆明市风声鹤唳，一片白色恐怖。闻一多家门前天天都有不少特务盯梢监视，一个伪装成疯子的女特务天天来进行恫吓，叫嚷"多字是两个夕，闻一多不回头就命在旦夕"。许多朋友劝闻一多少外出，少活动，注意安全。闻夫人也恳求他提高警惕，防止意外。但闻一多先生认为，如果李先生一死，我们的工作就停顿了，将何以对死者！何以对人民！

敌人暗杀了李公朴，还造谣说是共产党杀的，是"桃色案件"。1976年7月15日上午，李公朴先生治丧委员会在云南大学至公堂召开"李公朴先生遇难经过报告会"，李夫人在报告李先生遇难经过时由于悲痛过度，泣不成声，无法继续讲下去，台下特务趁机叫嚣捣乱。本来决定不讲话的闻一多怒不可遏，登上讲台发表了最后一次演讲。他痛斥特务卑鄙无耻，正告反动派，人民是打不尽杀不完的，杀死一个李公朴会有千百个李公朴站起来。他还指出，反动派的末日快到了，人民必然胜利。最后，他以大无畏的精神发出誓言："我们不怕死，我们随时准备像李先生一样，前脚跨出大门，后脚就不准备再跨进大门。"

当天下午，闻一多开完记者招待会后，在长子闻立鹤的陪同下回家，当走到离家十几步远的地方，一群特务突然开枪。一代著名诗人、学者、斗士闻一多惨遭暗杀，他的长子闻立鹤用自己的身体保护父亲，也中了枪，负了重伤（后经抢救才脱险）。

李、闻被刺，举国震惊。中国共产党、各民主党派进步团体及广大人民群众纷纷发函、发电吊唁、发表声明、谈话，抗议、谴责国民党的法西斯暴行。昆明、重庆、上海、延安等城市隆重举行了追悼会。

中国共产党和全国人民的慰问、声援和支持，给因过于悲痛而病卧医院的闻夫人以巨大力量，使她更坚强地投入了革命斗争。

▶ 人民英烈　浩气长存

闻一多生前对昆明有深厚的感情，同昆明的青年有着血肉的联系，他牺牲后，应闻夫人的要求，西南联大在"一二·一"四烈士墓前修建了闻一多衣冠冢，闻一多的骨灰则带回了北平。1951年7月15日，闻一多殉难5周年，中国民主同盟中央举行了纪念会和闻一多骨灰安放仪式，将先生的骨灰安放在八宝山革命公墓。

半个多世纪以来，人们以各种形式纪念、缅怀闻一多。闻一多生前工作过的地方（北京、武汉、云南等）都树立起闻一多雕像。

闻一多在短暂的47年中，将自己的脂膏不息地流向人间，在诗歌、艺术和学术研究领域培育出了灿烂的花，结出了丰硕的果，在中国新民主主义革命的洪流中，充分发挥了自己的光和热。

他那炽热滚烫的爱国心、强烈的正义感，横眉怒对国民党的手枪，宁可倒下去也不愿屈服的民族英雄气概，如璀璨的明珠闪闪发光，给人以巨大的激励、鼓舞与启迪。

● 浠水县博物馆

浠水县博物馆是全国成立较早的县级博物馆，以收藏大量古籍线装书和金石印章而著称，2010年被评为第三批"全国古籍重点保护单位"。

浠水文庙是湖北省重点文物保护单位，也是湖北省保存得比较完整的古建筑群之一。文庙又名儒学、学宫，过去是学生读书的地方。文庙始建于北宋，元末遭兵毁，后屡毁屡修，最后是一次重建是清同治八年（1869年）。保存至今的有大成殿、崇圣祠、东西庑、尊经阁、棂星门。照片中的这个"川"字形的石牌坊叫作棂星门，如果建于明代弘治年间，"棂星"的意思就是孔子是天上的文曲星下凡来教育感化众人。棂星门的上方浮雕是双凤朝阳图，下方浮雕是二龙戏珠图。

看到这里，大家肯定会觉得有些奇怪，在古代，龙的地位一直是高高在上的，而这个棂星门的浮雕为什么是凤在上而龙在下呢？关于这个原因，有两种说法，一种说法是清代的官员在对棂星门进行维修时，为了讨好慈禧太后而将凤放在了龙的上面；另一种说法是湖北过去是楚国的领地，而楚人又将凤作为自己的图腾，所以凤在上而龙在下。棂星门的左右侧门上分别刻有"文经""武纬"四个字，代表了以文武之力、经纬之功来治国平天下的儒家思想。

棂星门前面半月形的池子叫作泮池，又称洗墨池。古时入学，又称入泮。

大成殿的"大成"二字出自《论语》。大成殿是文庙的主体建筑，是祭祀孔子及其弟子的主要场所。它是三重檐歇山顶，木瓦榫卯结构。大成殿前有汉白玉石雕镂的龙纹御路，取"独占鳌头"之意。在清代，只有中了状元、解元、会元（即前三名）的人才能从龙纹御路上走过，文武百官从两边走。

大成殿内供奉着孔子及四配、十二哲的塑像。孔子是春秋末期伟大的思想家和教育家，儒家学派的创始人，也是私人办学的开创者。相传有弟子三千人，贤弟子七十二人。四配分别是颜渊、曾参、孟轲、子思。其中颜渊是孔子最得意的门生，他天资聪颖，勤奋好学。曾参以孝顺父母著称，是孔门高徒，一代名儒，提出了"吾日三省吾身"的修养方法，处处维护儒家的道德规范，他的弟子有70余人。孟轲（孟子）幼年丧父，其母为了教育他成人，曾三次搬家。孟子是继孔子之后的又一位儒学大师，有弟子3000余人，他的思想主要保留在《孟子》里。子思（孔伋）是孔子的孙子，相传拜曾子为师，著有《中庸》一书。

大成殿后面有清康熙年间御制"至圣先师孔子赞"石碑和"四子赞"石碑。

▶ 历史名人展厅

浠水是个山清水秀、人杰地灵的好地方，自南宋建邑以来，浠水先后走出过1位宰相、2位状元、3位尚书（杨思义、熊文灿、陶谷）、4位院士（汤佩松、闻玉梅、闻立时、南策文），还有多名进士和举人，像北宋名医庞安时、"现代大儒"徐复观等。

1985年，浠水县博物馆配合市博物馆对侯严的墓葬进行了发掘。当时发掘出土的一块北宋墓志铭碑因为雕刻精美而被评为浠水县博物馆的一级文物。根据墓志铭得知，侯严继承了父亲的家业经商，他经营以诚信为本，因善于经营，没多少年资产就已经颇具规模了。他有了钱以后并不是去挥霍，而是把钱用在子女的教育上。他的两个儿子和三个女婿都中了进士，这在当时是非常了不起的。

● 月湖生态公园

月湖生态公园位于浠水县清泉镇，属北城新区管辖范围，占地总面积84万平方米，其中水域面积为54万平方米，公园绿地及道路广场等面积为30万平方米，总投资1.96亿元。2021年被评为国家AAA级旅游景区。

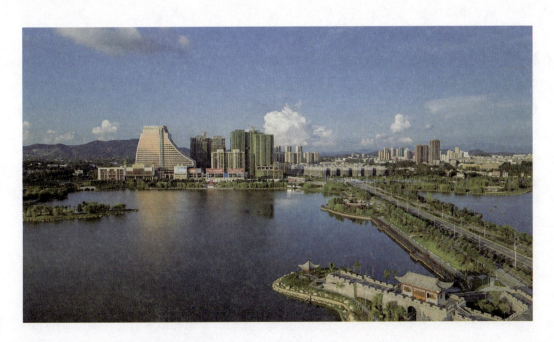

整个公园由五路一桥相连接，因浠水巴河"九孔藕"而得名的九孔桥，横跨月湖，气势恢宏，连接东西。按方位分上、中、下三个湖，对应三个不同功能的园区。园内沟汊纵横，桥梁众多，造型各异，风格万千，小桥相连，大桥纵贯。"浠川八景"已在月湖公园得以重现，红烛、儒学、楚韵、城墙等文化元素也巧妙地展现在眼前，人们可以徜徉在如画的月湖，感受浠水昔日的胜景与今日的辉煌。

中国艾都　养生蕲春

蕲春古称蕲阳，建制至今2200余年，它地处鄂之东，江之北，吴之头，楚之尾，全县总面积2398平方千米，是武汉城市圈、大别山试验区和长江经济带重要组成部分。蕲春是明代伟大医学家李时珍的故乡，千百年来，这里的人们澎湃着医圣悬壶济世、造福于民的血脉，代代传承着养生文化，倡导健康生活。

视频：蕲春

千门万户悬菖艾，出门十里寻药香。蕲春药草丰富，《本草纲目》中记载的1892种药物，蕲春境内就达700多种。蕲艾是蕲春四宝之一，是国家地理标志保护产品。它香气浓烈，叶厚纸质，属于艾草的一种。据《本草纲目》记载，"艾叶自成化以来，则以蕲州者为胜，用充方物，天下重之，谓之蕲艾"。蕲艾全草入药，有温经、去湿、散寒、止血、安胎等作用。

蕲春历史悠久，文化厚重。千百年来，"不为良相，便为良医"的中医药文化，"蕲黄禅宗甲天下""南北禅宗寓于蕲"的宗教文化，"天道自然天人"相应的养生文化，"千年炉火不熄"的楚陶文化，在这里相互交融、激荡。除此之外，李时珍医道文化旅游区、普阳观、鄂人谷生态度假区、三江生态旅游度假区、横岗山生态园等旅游景点以及景区内各式各样的药膳与"艾都滋味"精品馆也都在散发着蕲春独特的文化魅力。

"感文化之厚重，享蕲艾之滋味"，希望大家在蕲春能够玩得开心，游得尽兴！

雾云山景区

在老百姓的心中，蕲春有"四宝"，分别是蕲蛇、蕲竹、蕲龟和蕲艾。而在摄影家的心中，蕲春还有另外"两宝"，那就是位于雾云山的梦幻梯田和雾云茶海。

雾云茶海，万里飘香，地处高山之巅的雾云山茶场，是雾云山的天然氧吧。通过将梯田文化和茶文化有机结合，雾云山形成了以茶业、梯田景区为主体，以特色农业、山乡旅游业为支撑的生态旅游景区。雾云山春有稻苗青青，夏有青葱稻浪，秋有稻谷金黄，冬有银装素裹，一年四季风景美如画，是拍摄山水人文风光的理想之地。特别是春日之际，雾云山更是云雾缥缈、绿意盎然，淋漓尽致地呈现春色风光。

除了仙气逼人之外，雾云山还是一片红色热土，因为这里曾经是红色革命根据地、新四军后方医院、游击队的根据地以及"围剿"与反"围剿"的战场。雾云山是蕲春旅游的一张名片。

其实早在2014年，就有摄影爱好者惊然发现了雾云山村雷公岩梯田这处惊艳的景观。于是，这名摄影爱好者以独特的艺术眼光和绝佳的摄影技巧记录下了雷公岩梯田的不同寻常之美。通过他的传播，越来越多的人被吸引到这里，一睹雷公岩梯田的自然风采。

（雾云山景区供图）

据当地乡亲们说，雾云山的梯田是唐代一位田姓官员来此避难开辟的，一直保留至今。这片梯田主要分布在蕲春北部海拔600米以上的高山坡地，其中雷公岩梯田面积最大，梯田总面积约0.07平方千米，分为410块小田，最高处与最低处落差达180米，从空中俯瞰，十分美丽，所以雾云山梯田也被评为湖北省最美梯田之一，甚至有人说它堪比元阳梯田。

如果你是春日之际来到这里，特别是早稻待插季节，雾云山梯田已被当地的农民平整好，准备早稻插秧。灌了水的梯田就像一面面镜子，映着蓝天白云，在山水古村间造就唯美意境。日出日落之时，随着阳光的变化，天空的云彩也在不停地变幻，映照到梯田里，就像万花筒那样不停地变幻着色彩，一会儿是蓝色，一会儿是粉色，一会儿又成了鲜艳的红色。再加上梯田优美绝伦的线条，你会发现在这山水天地之间，你的一呼一吸都是对生命的敬畏，对心灵的洗涤。

普阳观景区

普阳观景区坐落在世界著名的医药学家李时珍故里——湖北蕲春。普阳观原名何庵，历史悠久，始建于宋代，其医道文化可溯源至隋唐，距今约有1400年历史。普阳观在民国二年（1913年）特大水灾中毁损殆尽，到20世纪改革开放初期，群众自愿捐款捐物，在原何庵遗址上重建庵堂，并更名为普济观。1996年，"医道奇才"何诚道离开武当，回家乡做普济观住持，并着手改造重建扩建，到2004年再次将其更名为普阳观。

普阳观景区东邻九江，北靠大别山，南接长江黄金水道，西与武汉城市圈黄冈、黄石、鄂州接壤，距九江机场50分钟车程、天河机场一个半小时车程。景区内有京九铁路、黄黄高速、大别山旅游公路等，距蕲春客货运火车站2千米，交通十分便捷，地理位置十分优越，是武汉城市圈内环境优越的特色文化旅游区。

普阳观景区2013年被授予湖北省文化产业示范基地，2015年被评为湖北十大特色文化品牌，2016年获批为国家AAAA级旅游景区；2016年12月普阳观住持何诚道道长荣升为普阳观监院，标志着普阳观从普通的道观上升至道教十方丛林。

普阳观，坐西北面东南，东邻罗州古城，西傍蕲河秀水。进入景区山门，放眼望去，宫观建筑随形就势，三轴并列，一进五重，层层递进。

普阳观山门广场面积约3600平方米，广场由左至右分别为普阳医院、五福牌坊、养生院。

普阳观山门始建于2009年，用大型优质花岗岩造就，气势恢宏。

山门后的第一重殿是玉石华表、雕工精美的灵官殿，殿内灵官神像，为汉白玉雕刻，红脸虬须朱发，三目怒视，金甲红袍，绿靴风带，左手掐灵官诀，右手执金鞭，足踏风火轮和祥云，形象栩栩如生。

灵官殿两侧是钟鼓楼，晨钟暮鼓，声音洪亮悠远。震慑人心的钟鼓楼，壮宫观之威仪，弘山陵之气象。钟楼中的钟重达8.1吨，是取九九八十一之意，铸铁所造，钟身镌刻《道德经》5000余字。鼓楼的鼓为两张牛皮蒙制，直径1.8米，鼓声厚重庄严，启人醒悟。

第二重殿是三清殿，规模宏大、祥和庄严的花岗岩三清神像为全国之最。殿内供奉的三清天尊皆高鼻长眉、两耳垂肩、盘发高耸，神态庄重，仙风道骨。三清殿墙壁上喷有百福千祥图、孔子问道彩绘等十几种精雕组拼图案。

放生池位于三清殿后，池内放养无数灵龟等水生动物，给人以生命真谛的感悟。道观每年农历四月初八举行一次放生活动。

放生池右侧是仿明清建筑的五百灵官殿，殿内汉白玉雕刻的五百灵官像为全国道教独家。供奉的五百灵官神像与真人同形，或怒或笑，或言或思，皆生动传神。

放生池左侧是"两殿三堂"，即天师殿和地母殿，客堂、茶堂、职堂。客堂、茶堂、职堂是道教会客、供职的重要地方。

第三重殿是药王殿，亦为普阳观原址，殿内药王铜像为鎏金纯铜铸造，高约2米，重约2吨。铜像左手捧书卷，右手握毛笔，似乎在为解救百姓的疾病之苦凝神思索，又似乎在为撰写《千金要方》殚精竭虑。铜像造型庄重肃穆，栩栩如生。

第四重殿是元辰殿及老君阁，上下两层结构。第一层元辰殿中供奉斗姆元君神像，身高丈余，三头八臂，智统千里，地位崇高，为北斗众星之母。周围六十太岁，即六十甲子神，每位游客都可以找到自己的本命神。第二层老君阁中供奉太上老君巨型木雕神像，高5米有余，雕法利落大气，线条圆润，庄严肃穆，形神兼备，具有强烈的感染力与独特的艺术价值。

元辰殿右侧隐约可见的伏虎山脊，为宋代蕲河古堤仅存遗址，是研究蕲河水系变迁乃至罗州古城文化的宝贵历史资料。

第五重殿是祖师殿、文昌殿、玉皇楼三层叠加结构，两侧为八仙阁、医圣阁、观音阁、道藏阁。

祖师殿殿前石阶之中镶有"五龙捧圣杯"图案，尊祖师而朝觐。

第一层为祖师殿，殿内居中供奉着真武大帝，两侧由左至右同供着丘祖、吕祖、紫阳真人、萨翁四尊祖师神像，神像托沙雕刻，威猛刚毅，法相庄严。祖师殿是观内道众每日诵经和平时举行各种重大宗教活动的场所。

第二层为文昌殿，正中供奉文昌帝君，也称文曲星、梓潼帝君，为主宰功名、禄位之神，是现代升学、升职等各类应试者常来祭拜的地方。

第三层为玉皇殿，为全观最高处，殿内雕梁画栋，金碧辉煌。正中供奉着神木雕刻的彩塑玉皇大帝坐像，两边供奉的是四御、六辰圣像。登临玉皇殿，俯首下视，普阳观殿宇绵延，院落重重，楼阁层层，高低错落有致，红墙汉瓦，廊回庭深，景象蔚为壮观。极目远眺，蕲春县城优美风光一览无余，令人心旷神怡，思绪遐飞。

祖师殿右边一排房子为乾道单房，供乾道众居住修行。乾道内设有普阳书画院，游客可前往书画院求取书画家的真迹作为纪念品。左边一排房子称为坤道单房，专供坤道众居住修行。

普阳观景区，一个独具全国中医、道医特色的诊疗中心。

由李时珍医道文化研究院投资兴办的蕲春普阳医院是一所民营医院，全院占地面积10530平方米，建筑面积4750平方米，清一色的古建风格。

院内门诊部设有中西医临床诊室，住院部设置住院床位75张，内设卫生间、空调、电视等服务设施，拥有彩超、全自动生化分析仪、血液分析仪、尿液分析仪、500 mA X光机、心电图机等先进医学仪器。

医院由道家名医何诚道道长及其亲传弟子等常年坐诊，同时聘请省内外知名专家、教授定期坐诊或巡诊，开展独具特色的中医药诊疗业务，以及西医常见病、多发病的治疗业务。医院还设有老年病、肿瘤等特色专科。普阳医院是蕲春县新型农村合作医疗、城镇职工医疗保险的定点医院。普阳医院运营多年来，社会反响良好。

普阳观景区，一个疗养特色显著的普阳养生胜地。

景区内建设的李时珍医道文化养生院，环境优美，医道养生氛围浓厚。全院拥有36个标准养生房间，房间内生活设施一应俱全。

养生院另设有可供80人练功打坐的"静堂"，可容纳120人的高规格多媒体教室，清雅素朴的接待室和可容纳30人的小型会议室。李时珍医道文化养生院养生班分为一天体验班，两天体道班，三天体道悟道班（又称静心养生班），五天养生班，七日、九日辟谷、排毒、闭关养生班5种，供养生爱好者选择。

养生院为普阳养生文化修身养性的地方。在养生素菜馆，可品尝药膳、蕲春农家菜肴、道家养生素菜等，食后令人回味无穷。在医道广场和太极广场，可练武当剑、太极拳。

普阳观景区，一个独具特色的民族中医药文化集散地。

景区内打造的民族中医药文化一条街是蕲春县"药旅联动"战略的亮点工程，也是景区核心景观建筑物。整体工程占地面积6000平方米，建筑面积10800平方米。在景区内可体验藏医、回医、蒙医、苗医的神奇功效。游览民族中医药文化一条街，可感受到我国民族中医药文化传奇魅力。

普阳观景区，一个消费、服务、娱乐的购物长廊。

景区设有游客接待中心，其装潢、色彩等与景区景观相协调，室内设有电脑触摸屏、影视播放系统、语音导游系统，提供景区导游图、导览全景图、景区宣传资料等多种服务，提前告知游客当天各种活动或节目。

景区同时还设有普阳超市、移动收费厅、停车场等,以提供高质量的管理和服务。

普阳观景区集道教文化、中医药文化、旅游文化于一体,仿明清、徽派式古建筑,生态环境、自然风光令人流连忘返,是休闲度假、观光娱乐、避暑疗养的佳境胜地。

普阳观景区是一个举办大型节会活动的场所。景区除每日正常接待中外游客外,每年都要举行一定规模的具有特色意义的活动,如中国李时珍医道文化节、上元佳节祈福会、李时珍医道文化养生一日游等活动。

李时珍纪念馆

李时珍纪念馆依托全国重点文物保护单位李时珍墓修建而成,坐落于美丽的雨湖之滨,风景秀丽,始建于 1980 年。1982 年开始对外开放,是全省爱国主义教育基地,占地面积为 6 万多平方米,由四贤广场、本草碑廊、生平纪念馆、药物馆、百草药园、墓园六个部分组成,纪念馆为仿明代园林建筑。

音频:李时珍纪念馆

视频:李时珍纪念馆

"李时珍纪念馆"的馆名由邓小平同志亲笔题写,纪念馆内陈列着有关李时珍的历史文物、古籍缮本、字画、近现代名人书画、雕塑等,其中有《本草纲目》的各种版本,有顾景星、章学诚等明清学者为李时珍撰写的传记,还有著名美术家蒋兆和先生亲笔画的李时珍像以及莫斯科大学的李时珍雕像照片和 120 余种中草药图。李时珍纪念馆自对外开放以来,为弘扬李时珍精神和民族优秀传统医药文化发挥着极其重要的作用,在国内外产生了深远影响,因此胡耀邦、王任重等 10 多位重要的党和国家领导人曾先后亲临这里视察并题词,国内外许多著名的专家学者,如郭沫若、李约瑟、袁隆平等人也曾前来考察并题词。

纪念馆的第一个部分四贤广场,为什么叫"四贤广场"呢?它是因广场上的四贤牌坊而得名,牌坊建于明代天启年间,是朝廷为李时珍家三代四人所立的一个功德牌坊,坊表上刻"六朝文献,两镇干城"八个大字。

在本草碑廊中共有 96 块黑色的大理石,全部镶嵌在墙壁上,石上均刻有内容。李时珍作为"药圣",自古以来就受到无数人的敬仰,因此在古代便有很多人为他画像写书。这 96 块大理石就刻有 1983 年著名画家蒋兆和所画的李时珍像、明末清初文学家顾景星撰写的《李时珍传》以及明代文坛泰斗王世贞的《本草纲目序》及从《本草纲目》中节选出来的128种中草药图，而这也是本草碑廊的精品古迹。

生平纪念馆展出了李时珍的一生。李时珍花费毕生心血所做的《本草纲目》开创了全新的分类体系，推动了中医药的发展。《本草纲目》被达尔文称为"中国古代百科全书"。展厅内所呈现的古韵风格与声、光、电等现代化手段的融合，展示了李时珍伟大的一生，生动还原了李时珍医者仁心的大道精神。

药物馆内展示了大量的药物标本，且设置了互动的形式，增添了趣味性。明代的建筑样式上承宋代营造法式的传统，下启清代官修的工程做法，建筑设计以规模宏大、气象雄伟为主要特点。明初的建筑风格与宋代、元代相近，古朴雄浑，明代中期的建筑风格严谨，而晚明的建筑风格则趋向烦琐。药物馆作为一栋仿明建筑，继承了明代建筑的诸多特点。且除了建筑特色之外，药物馆还陈列有动物、植物、矿物标本300多种，是一处名副其实的药材宝库。屠呦呦发现的青蒿素就来自《本草纲目》中的黄花蒿。

《本草纲目》这部伟大的著作分为 16 部、52 卷，约 190 万字。全书收纳诸家本草所收药物 1518 种，在前人基础上增加药物 374 种，共计 1892 种，其中植物药就达 1195 种，共辑录古代药学家和民间单方 11096 则，书前附药物形态图 1100 余幅，吸收了历代本草著作的精华。而李时珍纪念馆的百草药园就是以"本草"为主题的植物药园，百草药园内种植 300 多种蕲春生态药物，特别是蕲春"四宝"之首的蕲艾。千万别小看这一颗小小的艾草，在这里可以看到艾有五尖、七尖、九尖之分，大家可能不知道的是五尖、七尖入药，九尖为贡茶，在这里能切身感受到中医药文化的博大与精深。

穿过百草药园的月亮门，就来到了最后一个部分——墓园。改造一新的墓园药草飘香，碧水微澜。墓园是李时珍夫妇及李时珍父母墓地的所在处，也是游客祭拜李时珍的重要场地。一眼望去，李时珍的白色半身塑像屹立在视线之中。站在这里，一种肃穆敬仰之情油然而生。虽然李时珍早已故去，但是他自强不息的人生品质、济世救人的慈悲情怀、勇于实践的求真态度、敢于创新的科学精神永远值得我们学习！

李时珍百草园

百草园在 2012 年 10 月开始投资兴建，总面积超过 1.3 平方千米，是以蕲春山、林、湖、湾自然美景为基底，以"李时珍传说"、中医药文化为文化内涵，创新打造的一个集生态观光、休闲养生、健康体验、教学研究和李时珍人文资源开发于一体的健康旅游示范区。

香樟大道两旁种植大龄香樟，视线更远的地方种植的是桂花。香樟树也称樟树、樟木，四季常青，树冠广展，枝叶茂密，常作为绿化景观栽种，同时还能吸烟滞尘、涵养水源、固土防沙。除了园林价值，香樟树也具有经济价值，比如可提取樟油等。另外，还需要着重介绍的是，香樟树也具有药用价值，樟树皮行气，樟木行气血、利关节，樟树叶止痛杀虫。在李时珍的《本草纲目》中，有记载用樟脑入药。

　　香樟大道的尽头是五道口广场，右行咱们就来到了樱花大道。

　　春日来到樱花大道，赏落英缤纷，浪漫春意。百草园先后种植了樱花1万株、桂花1万株、红豆杉3000株；种植梅、海棠、紫薇等观赏苗木近5万株；种植冬枣、葡萄、杨梅、桃树、蓝莓等果树近2万株；种植茶花、牡丹、芍药、绣球花等近10万株；引进郁金香、白子莲、迷迭香、花毛茛等精品花卉近10万株。绿化面积超0.6平方千米，植被覆盖率95%以上。正所谓一年四季，繁花不同，美景常在。

　　紧接着，就到了梅山环道。梅原产于中国南方，已经有3000余年的栽培历史，可供观赏或作果树，既位列花中四君子，又名入岁寒三友。在严寒中，梅开百花之先，独天下而春。梅花花蕾亦可入药，开郁和中，化痰。果实乌梅，敛肺、涩肠、生津、安蛔，用于肺虚久咳、虚热消渴。《本草纲目》中有记载含乌梅的药方，可治疗咳嗽吐血、盗汗不止。

　　欣赏完梅山环道后左拐，看到这片区域种植的是冬枣和山楂。冬枣营养丰富，富含多种人体所需的氨基酸、维生素和微量元素，是养生保健的好选择。山楂也是常用的中药，功效主要是消食健脾、行气散瘀、化浊降脂。《医学衷中参西录》记载:"山楂,若以甘药佐之,化瘀血而不伤新血,开郁气而不伤正气,其性尤和平也。"

这边古色古香的建筑是四合院民宿酒店,充分利用园区的森林和水面环境,建设了数十栋隐匿在山林、果园的特色住宿设施。"会呼吸的小木屋"隐匿在一片樱花林中,和玻璃屋一起形成错落有致的空间,为大家提供健康、舒适的居住体验,亲密接触大自然。

民宿周围种植的是蕲艾,是湖北蕲春最出名的特产。历代医药典籍记载其为止血要药。蕲艾也是妇科常用药,治虚寒性的妇科疾病尤佳,煮水洗浴时可防治产褥期母婴感染疾病,或制药枕头、药背心,防治老年慢性支气管炎或哮喘及虚寒胃痛等;艾叶晒干捣碎得"艾绒",制艾条供艾灸用,又可作"印泥"的原料。此外,全草还可烟熏用于房间消毒、杀虫,蕲艾的嫩芽及幼苗还可作菜蔬。《本草纲目》中记载含艾的药方有10余种,有煎、揉、熏、灸、煮、熬等多种制药方法,功效广泛。

我们蕲春有四宝,除蕲艾外,还有三宝,分别是蕲蛇、蕲竹、蕲龟。《本草纲目》记载,白花蛇,释名蕲蛇,肉气味甘、咸、温、有毒。主治中风、湿痹不仁、筋脉拘急、口面㖞斜等。可用酒炙蕲蛇肉、天麻、薄荷、荆芥、蜜,熬制成膏,名驱风膏。除了本方外,还可制蛇酒,亦可治疗各种风疾。

蕲蛇馆的后面,种植的是杨梅。

蕲蛇馆的左前方则是另一蕲春之宝——蕲竹的展示馆。蕲竹,又名笛竹,是全世界1000余种竹子中的珍稀良品之一,其色泽晶莹,竹节稀疏,形状奇特,久负盛名。

据史料记载,蕲竹制品源于西周,兴盛在唐宋,没落于清末。蕲竹质地坚韧,犹如琉璃、美玉。用蕲竹制作的竹笛、箫管,音质清幽柔和,有细水幽潭、珍珠落玉盘之妙。蕲竹还可用来制作"簟",专指蕲竹所制竹席、凉席。天热的时候,人睡在上面,既透凉,又爽汗;起身后,而迹经久不更,故在唐宋时期许多文人赞美它。韩愈诗曰:"蕲州笛竹天下知,郑君所宝尤瑰奇。携来当昼不得卧,一府传看黄琉璃。"苏轼在《四时词》中写道:"新愁旧恨眉生绿,粉汗余香在蕲竹。"李清照有词:"红藕香残玉簟秋,轻解罗裳,独上兰舟。"王学有诗句:"南朝笛竹蕲为良,织成文簟琉璃黄。"这些赞美蕲竹的诗词不胜枚举。

蕲竹的主要功用除了制作笛箫、篁这样的竹制品外，还具有药用价值。

《本草纲目》记载，蕲竹药用有清热、泻火、息风等作用，并按其形态、功能称"桃枝""堇竹""笛竹"。入药用堇竹，次用淡苦竹，蕲竹为竹类入药首选品。蕲春民间还有将蕲竹根、茹、箨、实等入药的习惯。

蕲春四宝之一——蕲龟，又称绿毛龟，因背腹上下生有绿毛，且毛中有金丝状金线而得名。蕲龟的绿毛是蕲龟基枝藻寄生生长所致，由于藻类的生长，影响所寄生龟的活动摄食能力，龟较瘦弱，所谓"脊骨有三棱，底甲如象牙色"。由于野生蕲龟极少，故视为珍品。

蕲龟的药用价值，正如《本草纲目》记载："治筋骨疼痛及一二十年寒嗽，止泻血、血痢。"龟血为跌打损伤要药；龟胆对眼肿不开有疗效；龟板，即龟的腹甲，又称龟甲、元武板，甘、咸，纯阴，气味厚浊，滋阴补肾，通任脉。蕲龟药力雄厚，疗效确切，为药中珍品。

四宝路是蕲春四宝风物的展示地。此处以蕲春四宝为依托，将规模化养殖和旅游文化体验相结合，形成了特色化的种养殖体验基地。同时，该基地还利用四宝风物特产，经过创意化加工、包装，形成了具有独特识别感的文创商品。

一路游览走来，可以看到引进的蕲蛇、蕲龟活体，栽种的蕲竹、蕲艾，并分别建设成主题展览馆。除此以外，百草园还移植培育了《本草纲目》所载名贵中药材 127 种，并加紧建设"1892 纪念馆"，努力建成国际化的《本草纲目》文化展示基地。

三江生态旅游度假区

蕲春的三江生态旅游度假区位于鄂东大别山南麓，长江北岸，地处吴头楚尾（蕲春县漕河镇严垅村）。这里是大明医圣、世界著名医药学家李时珍的故里，也是宋代知名书画家米芾的隐居地。

三江地形地貌为三山夹两湖，浑然天成，东有凤凰山、枫叶湖，南有龙凤岗、小西湖。"青山绿水，康养三江"是三江的独有特色，一区二庄三馆四园十八景贯穿全区。

　　东边的凤凰山形似一只展翅腾飞的凤凰。著名的武汉保卫战,抗击日本侵略者的前沿阻击战,刘邓大军千里跃进大别山著名的高山铺战役均发生于此地,山上的高山铺战役纪念馆重现当时的记忆。顺着三江大道还可游览清代江氏神童江承兑神童墓、七步林及飞架两山的龙凤桥,以及贯穿全区的万米长城。

　　南边的龙凤岗,海拔99.9米,自然天成,寓意天长地久,注定缘定终生,皆为天意。周围群山环绕,依山而建的月老祠、送子观音、龙凤广场、情园、三江缘、蜜宫、连心桥、风情园,都可作为天下有情人美好愿望的期盼和忠贞爱情的见证。

　　三江相约,月老牵线,缘定今生,观音祈福,花好月圆,已成为现代版追求爱情和幸福的美丽驿站。情山有情,绿水宜养。游历三江度假区既可让大家感受爱情的温馨浪漫,又可体验李时珍健康养生之愉悦和药膳之神奇。龙凤岗山上的本草花海、农耕文化观光体验园也是研学游、劳动教育、康养游等的上乘之选。

千年广济 大美武穴

武穴市位于长江中游北岸，大别山南麓，地扼吴头楚尾，有鄂东门户、入楚第一港之称。武穴不仅仅是一座工业之城、医药化工之城，还是一座文化之城、绿色之城、美丽之城和美食之城。只要走进武穴，你就会发现，这里历史与现代交映、发展与生态融合、自然与人文相连，目不暇接，美不胜收。

在武穴，你可以在千年佛国与现代港城中感受时空转换。武穴市前称为广济县，取佛语"广施佛法、普济众生"之意，已有1200多年建制史。唐代，武穴境内庙宇林立，宗教兴盛，素有"佛国"之称，禅宗四祖司马道信大师就诞生在这里。这里还是四大名著《西游记》的成书背景地，小说中的通天河、水帘洞、仙人桥、碧波潭、观音寨都能在武穴匡山找到原型。现在的武穴是全国卫生工作先进市、全国绿化模范县市、省级园林城市，长江大桥横跨南北，京九铁路、武安杭高铁等穿境而过，绿色建材、医药化工、电子信息等六大产业全面推动现代港城经济腾飞。

在武穴，你可以在自然风光和工业景观中领略融合之美。武穴山水如画，横岗山、一尖山、层峰山，山山相连，如仙似幻；太白湖、仙人湖、武山湖，湖湖相应，明媚动人；双善洞、灵泉洞，洞洞相连，鬼斧神工；油菜花、禾雀花，花花争艳，娇丽动人。匡山西游、湿地慢城、油菜花海等一系列旅游品牌，吸引远近游客前来"打卡"。近年来，武穴市委、市政府践行长江生态发展战略，着力发展最美长江岸线，广济时光景区、八大城市公园如同夜空繁星点亮整座城市，四好农村路和美丽乡村擦亮农村风貌，绿色化工、绿色矿山、电子信息园等工业景观充分彰显人与自然和谐共生。

在武穴，你可以在品味文化和康养休闲中享受怡然人生。文化馆、博物馆、大剧院、全民健身中心等文体设施一应俱全，横岗山、一尖山、层峰山、希尔寨、龙门花海、怡湖山庄等一批旅游康养福地和乡村民宿遍布城乡。在这里，你可以近距离体验匡山西游的悠久和神奇、湿地慢城的祥和与激情，美丽乡村的幽静和闲适。这里不仅有山水田园，还有特色美食，这里生长着"国家地理标志农产品""首届湖北名优蔬菜金奖"——武穴佛手山药，它药食兼备、香糯可口，配上大坝鱼头、大金板鸭、武穴豆果一定让你津津乐道、回味无穷。这里还有以"孝"为名、传承数百年的武穴酥糖。听一听文曲戏，练一练岳家拳，赏一赏章水泉竹艺，尝一尝特色美食，在一张一弛中放松身心、怡然自在。

在不久的将来，武穴将成为长江国际黄金旅游带上一颗耀眼的明珠，成为宜游、宜居、宜业的乐享之都。在此，诚挚地邀请大家！武穴值得你来，欢迎你来！希望武穴能给大家留下一个美好的印象。

广济时光景区

　　广济时光景区位于武穴城区长江岸线，东西长约2千米，南北宽约350米，总面积56万平方米，于2016年1月16日正式开园，2017年被评定为国家AAAA级旅游景区。武穴市前称为广济县，古称"佛国"，故得名广济时光景区。景区以"盈彩水岸、大美港城"为定位，分为江岸渔村旅游区、件杂码头作业区、滨江公园休闲区、船舶装备制造区、森林生态涵养区五大功能区，先后荣获省级湿地公园、省十大网络人气景区和湖北省中小学生研学实践教育基地。

　　2012年，武穴市委、市政府从建设现代港城、旅游名城需要出发，集思广益，科学决策，对长江外滩"河街"进行了整治，重新规划江滩建设蓝图，打造江滩美丽景观，建设集生态保护、休闲娱乐、文化传承于一体的市民生态文化主题景区。从2013年开始，景区建设正式拉开了序幕，以打造美丽江滩为目标，确保行洪安全为底线，建设精品景区。历经720余天的紧张施工，完成了长江观景平台建设，绿化面积35.6万平方米，栽植乔木1.1万株，铺设灌木草坪22.8万平方米，加筑洪水挡水墙2000余米，整个工程投资2亿余元。项目建成后经受住了2016年、2020年长江洪水考验。园区建成后先后开展了环广济时光景区万人健步行等活动，每天游客接待量为万余人次。

　　景区总体布局为一轴、两带、三区、五平台、八节点、十二景观。"一轴"即公园中轴游步道，"两带"即江堤景观带和滨江景观带；"三区"即文化体验区、生态景观区、运动健身区；"八节点"包括莲浦虹桥、童趣盎然、动感之都、广济禅缘、辛亥志士、凭栏观涛、把舵远航、城市记忆；"十二景观"包括杉云映影、倚山听水、竹影风清、蟾宫折桂、文化长廊、龙隐古寺、汉祥旧居、紫气东来、国防教育、领航之舵、春江黄馨、门球一瞥。在景区绿化上形成了春有花、夏有荫、秋有果、冬有青的景象，一年四季，风光宜人，亭台楼阁、长廊寺院，散布其间。整个滨江公园体现了"千年广济兼济天下，开埠码头广纳四方"的城市文化品位和精神内涵。

广济时光景区是一座集市民休闲、健身娱乐、旅游观光、文化景观和爱国教育于一体的综合性开放式公园，也是武穴市展示城市形象的一扇重要窗口和一张靓丽名片。

仙姑山景区

仙姑山景区距离武穴市城区5千米，涉及刊江办事处和大法寺镇两个镇处，景区总面积24平方千米。景区以仙姑仙境、广济广福为主题，着力形成"一心、二环、五板块、八功能区"四大功能版块。一心，即以仙姑山景观为核心；二环，即仙道田园陆上旅游环线和景城融合水上旅游环线；五板块，即宗教板块、休闲板块、花海板块、康养板块、服务板块；八功能区，即宗教文化核心区、富硒农业体验区、香雪梅苑游览区、仙姑花海观赏区、乡村宜游养生区、大法寺油菜花海小镇、泉塘休闲度假区和旅游综合服务区。

说起仙姑山，它是武穴市一处历史非常悠久的文化景点，在《黄州府志》《湖广图经志书》等史料上有多处关于仙姑山的记载，其中最早的是明弘治十三年（1500年）《黄州府志》："三女仙：何、许、陈三女，本县灵东乡人，天性颖悟，结为姊妹，一日同登山修道。大中元年正月五日，只见山顶雷雨交作，仙乐隐隐，遥见三人升云而去，马蹄鞋迹留于石上，人皆异之，立祠于山顶祀之。后以其地高峻，复立于中稍平处，至今土人祀之。其地灵泉涌出，旱则取水祷雨。"又载："仙姑山：在治东七十里，唐时有何、许、陈三仙于此飞升，故名仙姑山。"这就是关于仙姑及仙姑山传说最早最详尽的记录。

仙姑山泉眼众多，荷花池就是利用仙姑山原有泉水，蓄水为池，种上各色莲花。每到夏季，这里荷香四溢，成为游客驻足观赏拍照之地。

宗教寺庙区的"大雄宝殿"四字乃中国佛教协会已故会长赵朴初所书，笔走龙蛇，庄重典雅。殿前有一联：净心向善灵光一点消无妄，修身力作笑口常开得延年。殿前的铜阁高6米，雕梁画栋，檐牙高啄，脆铃高响，阁底有一联：既入空门休惆怅，世事随缘任去留。在这梵音轻响的氛围之中，我们能否得到一些人生感悟呢？

仙姑殿内供奉着三位仙姑的神位，两位仙童侍立一旁，墙上有一张照片是本院主持宽持和尚与临济宗四十四代传人本焕大师的留影，留影时本焕大师已逾百岁高龄。紧靠旁边是中国佛教协会原副会长席净慧大师来此授法时的留影。

从大雄宝殿到半山腰的仙姑洞要登365级台阶，正好对应着一年365天。登此台阶既可锻炼身体，也寓意着步步高升、日日平安。

踏上第365级台阶，仙姑洞便展现眼前。洞高约2米、深约3米，洞内也供有三位仙姑的神像。仙洞左侧的山地上长着非同寻常的韭菜，它不拘贫瘠，天生天养竟能常年叶子不枯顶，翠绿娇嫩。据村民说，这是仙姑亲手所植。

八大财神宫和怡红宝院这两处建筑为湖北省武穴市佛教协会会长、妙音寺住持觉灯所建。除了修建庙宇外，他还对仙姑山等一些文化景点进行了修复，像东坡亭。相传，苏东坡贬谪黄州时，曾在一个秋日来到仙姑山，留诗一首："游尽黄州千万峰，身如萍草寄行踪。戏招五祖寺前月，来听三仙庙晚钟。夕野尚开黄菊蕊，秋风还惹白芙蓉。僧房熟睡谁惊醒，唧唧床头恼小蛩。"

在八大财神宫旁有一处供游客休息的吉祥院。吉祥院四周为文化长廊，中间为八角亭，坐在这里，不但可以享受景区远离喧嚣的宁静，还可领略中国传统文化。

横岗山景区

匡庐奇秀甲天下，修身养性在匡山。匡山旅游景区位于长江北岸、武穴市东北部，是大别山的支脉，与庐山隔江相望，素有"南庐北匡"之称。匡山是沧浪之水中的一座仙山，至今山上仍保留着沧浪书院的旧址。其因山势起伏、重峦叠嶂，宛如龙卧其巅，又称横岗山，有鄂东屏障之称。最高峰位于一尖山文化养生旅游区的八卦顶处，海拔为1064.5米。

横岗山景区是由横岗山宗教朝圣区、层峰山山地动感区、一尖山文化养生区和荆梅湖滨水休闲区组成，于2013年成功创建国家AAA级旅游景区，是一颗正在崛起的璀璨明珠。这里生态良好、环境优美。景区内茂林修竹，郁郁葱葱，云海、雾海、林海、竹海浑然天成，是一处"能看海的地方"。自唐代开山以来，山上寺庙林立，是中国南方的佛教中心，一代高僧、禅宗四祖道信就出生在山脚下的古城梅川，并在横岗山卓锡7年，中国佛教泰斗本焕大师亲手写下"中国禅宗源道信"。所以说，匡山是一座名副其实的圣山。

林隐寺原名竹荫寺，始建于隋开皇壬寅年（582年），坐落于天柱主峰西北面，正对古城梅川。自隋开皇庚戌年（590年），禅宗四祖道信大师在竹荫寺卓锡7年之后，声名远播。宪宗元和年间，高僧法普禅师住持竹荫寺，弘扬禅宗，其弟子广严大力建造寺院，修四阁、八殿及其他房屋300余间。时天下僧人云集至此，竹荫寺僧从达200多人。横岗山及附近灵山一带棚庵庙宇星罗棋布，被称为"小西天"。北宋宝元三年（1040年），信徒在竹荫寺不远的天柱峰顶建造真武殿、圣母殿、玉皇殿，"三殿"均由僧人住持。元代，佛殿相继被毁，只剩下真武殿、圣母殿、玉皇殿三殿。明崇祯十一年（1638年），三殿亦被毁。1645年，显密和尚在顶峰之阳重修庙宇，更名林隐寺，称上院，主要建筑物有天王殿、大雄宝殿、文殊殿、普贤殿、真武殿、圣母殿、玉皇殿；1650年，在西南峡谷修建东狱庙（现存），称下院。

自林隐寺被批准为对外开放的佛教活动场所以来，先后维修了真武殿、圣母殿、玉皇殿，新建了大士阁、四祖殿等，还有万佛洞、法堂、禅堂、念佛堂、藏经阁。整个建筑群占地面积6万多平方米，大小房屋100多间，错落有致，气势宏伟。

在真武殿旁边的这口井就是观音井。关于这口井，有一个美丽的传说。相传初建真武殿时，工匠甚多，山上饮水不够，这时候一个老婆婆出现了，用竹棍敲了一下地，顿时清泉汩汩涌出，取之不尽，用之不竭。饮之，清甜可口，沁人心脾。工匠们正要道谢时，老婆婆已经变回观音菩萨，飘然远去。于是人们就把这口井命名为观音井。

八卦顶位于武穴市东北部的一尖山，北与蕲春相连，东和黄梅为界，因山高岭险，冲入云霄，清代地图标记为"东冲山"。主峰名一尖，海拔1064.5米。千百年来，武穴市流传着"一尖、二尖，伸手摸天"的民谣，形容一尖山高不可攀。由一尖山峰顶向东下行就是二尖，二尖又叫乙尖，乙尖有太乙的意思。二尖是一座白沙裸露的山峰，峰顶有数平方米，且自然分布着乾、坤、震、巽、坎、离、艮、兑八卦图形，故名八卦顶，传说是太上老君打坐之处。

沿着这条曲径通幽的四祖古道台阶而上，就到了鲍照读书台。鲍照是南北朝的诗人，与谢灵运、颜延之合称"元嘉三大家"，其文学成就居三人之首，是我国文学史上的杰出诗人。由于他才华出众，又兼武艺，刘宋王朝挟持他参与刘家内部争权夺利的战争。临海王刘子顼在荆州时，他为前军参军，掌书记之任。鲍照最后在荆州被乱军所杀，时年约54岁。

鲍照在我国古代文学史上的地位极高，上承秦汉，下启唐宋，对后世文学产生了深远影响。特别是唐代伟大诗人李白、杜甫，深受鲍照的创作风格影响。鲍照读书台位于一尖山明月峰，为鲍照读书处。鲍照在此居住3年左右，拜妙严庵高僧慧定为师，练习武功。读书台是将花岗石凿平而建，旧有一亭，坐北朝南，至今仍存石柱、石凳等物。台上用隶书刻有"读书台"三字，石砚清晰可见；台东侧有石亭，现已坍塌，其柱有浮雕蟠龙图案；台后侧有高约5米、宽约9米的沉积岩石6块，形状如书本一样陈列案旁。

荆梅湖由荆竹水库和梅川水库组成，两边青山横绕，山上树木苍青翠绿，绿草茵茵。山环着水，水映着山，交相辉映。山上有千年古槐、古松、古柏，奇树奇花200多种，还有各种飞禽走兽100多种。湖中有一小岛，常年绿树掩映，鸟语花香，被称为"候鸟的天堂""游客的乐园"。

希尔寨生态农庄

希尔寨，位于湖北省武穴市千年古镇梅川镇北郊，大别山南麓横岗山下，梅川水库之西；占地总面积近1平方千米，其中水域面积超0.05平方千米；距梅川镇约3千米，距京九铁路和武黄高速公路出入口不足20千米，交通十分便捷。

希尔寨生态农庄

庄园休闲娱乐设施配套齐全，现有迎宾别墅、农家风味餐厅、运动会馆、垂钓区、练歌房、演艺厅、棋牌室和会议室等基础设施。庄园向阳南坡种植了十多万株花卉果木，如海棠、梅花、樱花、紫薇、玉兰、红枫等，每年的春季赏花节和秋季菊花展是庄园重要的节庆活动，吸引了周边城市大量的游客前来游玩。希尔寨生态农庄融自然风光、花卉园林、人文景观和休闲娱乐于一体，依托大别山红色旅游及周边佛教圣地、名胜古迹，目前已初具规模，成为鄂东乡村旅游度假一颗璀璨的新星。

庄园人文景观有十多处。隋朝末年，希尔寨女寨主赵飞娥曾在此揭竿起义，扶危济困。赵飞娥的传说令人敬佩。此外,"杨六郎跑马庵""飞娥竹""树包石""贵人桥""结义亭""铜鼓寨""西村庙""涵山堂"等景观,蕴藏着多个耐人寻味的故事,吸引游客驻足观瞻。希尔寨还完整保存着当年刘邓大军挺进大别山时,解放军在希尔寨与国民党军队作战的指挥所遗址,该遗址在新中国成立后成为了下乡知青的临时住所,即现在希尔寨的一处知名景点——知青屋。

希尔寨生态农庄内还有鄂东十大书院之一的遗址——涵山堂,抗战时被摧毁,现已在原址重建,内部皆为200多年历史的木质结构。重建时尽可能保留了书院原有的风貌,为希尔寨生态农庄增添了书卷气息,赋予了历史文化的内涵,成为国学、佛教、中华传统文化交流论坛的发展基地。

2013年希尔寨生态农庄开园迎宾,迎宾别墅共有4栋(玉兰庄、翠竹庄A栋、翠竹庄B栋以及凤凰湖畔九间堂),设施齐全且高档优雅,周边环境舒适幽静,可同时接待120人入住。其中九间堂在2019年"黄冈市十大名宿"网络投票评选中,荣获第一名。

传说凤凰湖是一块风水宝地,有凤凰在此出现,故得名。希尔寨生态农庄的餐厅和九间堂就建在凤凰湖畔。这里的风味餐厅可容纳500人用餐,各种时令蔬菜全部自己种植生产,绿色环保,营养健康,餐厅提供各种当地特色美食供游客品尝。"十大碗"就是希尔寨生态农庄的餐饮品牌,它在梅川镇已经流传上千年了,来源于当地民间节庆时惯用的方式,其最大的特点是半荤半素、一菜两味、油而不腻,餐桌上看不到盘子,吃饭及装菜全部用蓝边大口碗。农家人生性好客,由于生活贫困,无法安排足量的菜肴,但是又想使餐桌上菜品的数量多,因此一般每桌都安排十碗菜,荤菜下面用素菜垫底,久而久之就形成了当地节庆时的固定菜式。农家人给其取名为"十大碗"。它上菜的程序与方式也很有讲究。在农家人办喜宴时,只要是去喝喜酒的,都会喝到主人用炒米泡的恭喜茶。为了能让来自五湖四海的游客品尝到原汁原味的农家菜,希尔寨生态农庄特别推出原始地道的农家十大碗。让游客来到希尔寨不仅洗了肺,同时饱了胃!

此外,庄园内还有超0.05平方千米水域,水深适中,常年养有鲤鱼、鲢鱼、鳜鱼、鲈鱼、草鱼、鲫鱼、鲶鱼等鱼类,游客可尽兴垂钓。还有室内游泳馆、运动会馆(内有网球、羽毛球、乒乓球等各种球类运动设施),游客可在馆内尽情挥拍,竞技健身;练歌房和可容纳200人的多功能会议室,设备齐全;棋牌室里可切磋牌技、棋艺。

希尔寨生态农庄远离尘嚣,自然环境优雅,是天然的氧吧,欢迎前来观光旅游,尽情体验"青山碧水希尔寨,鸟语花香生态园"的美好自然风光。

龙门花海景区

神奇的北纬30°，造就了匡山"雄、奇、险、秀"的自然风貌，而24平方千米的龙门花海景区处于匡山腹地，山脉资源丰富，龙盘虎踞，层峰耸立，高山地貌呈自然原生态，平原、丘陵、高山，错落有致，不加修饰即成形成景。水资源丰富，龙潭珠海，流经大山小峰，形成了曲泉、瀑布、湖泊等形态丰富的水景观，有灵气秀美的龙门冲水库，三日映辉的酒坡水库，泉水潺潺的美女潭。

龙门花海景区按照大型苗圃、养殖、旅游、经济林和农副产品加工贸易五大产业布局。现有300万株各类花卉苗木，历经风雨洗礼，枝繁叶茂、生机盎然，承载和装点着这片红色热土上的绿色希望。这里的春，鸟鸣蝶舞，可看百花；夏风有序，可观芙蕖；秋染红叶，可品果实；冬装素裹，可赏梅雪。现在景区的文旅项目有军训、游船、玻璃桥，还有长1800米的玻璃水滑漂流等。炎炎夏日，滑道千回百转，山间美景如画卷般沿山谷展开，独有的竹林秘境、石溪探幽、花间物语等峡谷奇观令人叹为观止。

生活不是缺少美，而是缺少发现美的眼睛。景区内存有湖北省保护最好、藤龄最长、覆盖面积最大的国家二级保护植物——禾雀花，花开四月，花期40天，属"老茎生花"植物，要有30年以上藤

龄才开花呢。禾雀花谷绵延 2.5 千米，长有数以千计大如腿粗、小如臂大的藤条，它攀附能力极强，缠绕枫木，延展几十至数百平方米，藤枝从根到梢挂满了成千上万只犹如鸟状的禾雀花，可谓是一藤成景，百藤闹春，千鸟归巢，万鸟栖枝。禾雀花吊挂成串，犹如小鸟在花间飞舞，颇具观赏价值；甘甜可口，伴肉煮汤，煎炒味美至极，可作佳肴美食。李时珍《本草纲目》有记载，其有降火清热、清肺消肿、强筋通络等功效。

武穴不仅是禅宗四祖的卓锡地，也是《西游记》小说的背景地，龙门花海还是武汉保卫战双城驿阻击战的遗址。今天，东坡故人远去，双城驿站犹在；神话虽已久远，西游遗迹尚存；抗日硝烟散尽，青山忠骨永存。如今的红色酒坡、绿色龙门冲，正期待大家的到来。

千年古县　灵润黄梅

　　黄梅县位于鄂、赣、皖三省交界，东邻安徽宿松，南与江西九江市隔江相望，北邻巍巍大别山。

　　为什么黄梅县被称为"千年古县"？黄梅于公元前164年建县，公元598年始称黄梅。黄梅历史悠久，名胜古迹众多，境内有文物古迹693处，国家重点文物保护单位3处，省级文物保护单位11处，2018年被确认为中国地名文化遗产"千年古县"。

　　黄梅底蕴深厚，是全国闻名的诗词之乡、楹联之乡、武术之乡、挑花之乡、民间艺术之乡。黄梅还是黄梅戏的发源地、佛教禅宗发祥地、中国工农红军第十五军诞生地、龙感湖国家级自然保护区所在地。拥有"黄梅戏""黄梅挑花""佛教禅宗祖师传说""岳家拳"四张靓丽的国家级非物质文化遗产名片。

　　黄梅自然风光秀美，自古就有东山白莲、西山碧玉、南山古洞、北山乔木、紫云雾雪等十大古景。现如今，西山和东山胜景驰名中外，紫云山挪步园是避暑康养佳地。蔡山晋梅，花开二度，老而弥香；雷池故地，荷叶田田，白鹤飞翔；还有源感湖的渔歌唱晚、南北山的钟灵毓秀、太白湖的波光……无不令人心驰神往。

　　黄梅自然风光秀丽，名胜古迹众多，是理想的旅游、避暑胜地。

　　破额山前的四祖寺重建如初，面貌焕然一新；距寺不远的灵润桥、毗卢塔，造型独特，耀古灿今。驰名中外的五祖寺，始建于唐，盛于宋，史誉"蕲黄禅宗甲天下，佛教大事问黄梅"，是我国佛教禅宗的发祥地。还有新石器时代的塞墩遗址，汉代英布王城址，南北朝时参军鲍照墓，唐末农民起义领袖王仙芝墓，宋代乱石塔、朱元璋题匾"天下第一山"的意生寺等，都是著名的古迹。

　　目前，黄梅拥有的四祖风景区是国家AAAA级旅游景区，玫瑰谷生态旅游区、富源庄园、春秋苑、邢绣娘生态园等5家国家AAA级旅游景区。此外，黄梅还有2家四星级饭店、9家四星级农家乐。

　　黄梅资源丰富，底蕴深厚。黄梅的美看不完，黄梅的好说不完，黄梅的戏唱不完。接下来让我们去黄梅的各个景区，领略黄梅之美吧！

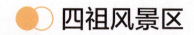

四祖风景区

　　四祖寺坐落在西山，原名双峰山，又名破额山，位于黄梅县大河镇西北考田山区，海拔近600米，一年四季，气候宜人。这里有秀丽的自然风光，庄严辉煌的四祖古禅寺。

西山地形特别，远望形如人之破额，故有破额山之名。唐代柳宗元咏道，"破额山前碧玉流，骚人遥驻木兰舟。春风无限潇湘意，欲采蘋花不自由。"临高俯瞰，周边群山仿佛条条巨龙，环绕四祖庙所在的山。

中国佛教有"四大名山，六大祖庭"之说，禅宗六大祖庭分别是河南（少林寺）初祖达摩、安徽岳西司空山（无相寺）二祖慧可、安徽潜山（山谷寺）三祖僧璨、黄梅西山（正觉寺）四祖道信、黄梅东山（东山寺）五祖弘忍、广东（南华寺）六祖慧能，而四祖、五祖、六祖衣钵传承都源于黄梅，可见黄梅禅宗文化历史地位之重要。

四祖道信大师，俗姓司马，于26岁继承三祖僧璨衣钵，创立四祖寺。道信大师成为方丈后，对禅林进行改革，废弃一衣一钵随缘而往的乞讨祖制，改行隐居山林、农禅并举，自食其力，使得禅风大盛。道信大师广收门徒，传经说法，使四祖寺香火长盛不衰。史载，唐宋时期，四祖寺有殿堂、楼阁等800多间，僧人千众。古往今来，这里先后修行出100余名高僧，每年朝拜香客数以万计。

道信大师不仅禅学造诣精深，且精通医术，曾用芥菜汁治好万民疥疮顽疾，救活了许多百姓。至今四祖庙所在地的黄梅百姓，每年三月三日做庙会，吃芥菜粑以纪念大师。大德风范，传至长安，唐太宗李世民曾四次下诏，请道信大师进京供养，封为国师。大师均予以辞谢，表达出隐居山林、与苍生为伍之志。后唐代宗李豫追封道信大师为大医禅师。

灵润桥俗称花桥，旧时是通往四祖寺的必经之路，有山门之称，于元至正十年(1350年)由四祖寺住持庭柏祖意禅师所建。灵润桥为单孔石拱桥，拱8米，拱高约3.2米，全长20米，宽6米，高约3.5米。

灵润桥下的石刻极其丰富，有书法、诗词、警语。书法，最著名的是唐代大书法家柳公权的"碧玉流"，其次是清代布衣邓滨的"泉"，最经典的是唐代大诗人柳宗元的《酬曹侍御过象县见寄》。还有清代诗人石乔年的《题碧玉流》诗中的"到此红尘皆涤净，劳劳身世几时休"，足见超脱之意。

1995年12月，广州光孝寺方丈本焕大师筹巨资5000万元，按庙传木刻本四祖寺貌重修。匾额"四祖正觉禅寺"，是中国佛教协会已故会长赵朴初得知四祖寺重辉，高兴万分，挥毫题下悬于山门，现已成为镇寺之宝。

　　重建的四祖寺，融合古建筑和园林建筑为一体，雕梁画栋，古色古香，异常壮观。主建筑群以大雄宝殿为轴心，虚实结合，多重对称。中轴线上，从前至后，山门、天王殿、大雄宝殿、法堂、经殿和方丈室一进五重，一线穿珠，两侧以观音、地、祖师、伽蓝诸殿，钟、鼓二楼，功德、延、斋、客堂和僧寮相对称。殿堂装饰考究，金碧佛像神态逼真，栩栩如生。

　　四祖寺内还有一奇景——两棵龙柏树。《四祖寺志》记载，龙柏树为四祖道信大师亲手所栽，至今有1300余年历史，仍枝繁叶茂，挺拔苍秀。在西山的风风雨雨中保持着自己特立独行、经年不变的品行。大风起时，柏树底部枝叶垂可扫地，是四祖寺一大景观。

　　毗卢塔又称四方塔，塔呈方形，基面宽10米，深9.5米，高11.34米，也被后人称为祖师塔，因为这座塔是四祖道信大师的墓塔。据有关资料记载，唐永徽元年（650年），四祖大师命弟子在寺庙的西面建塔，次年自己进入塔中，随后圆寂，终年72岁。该塔距今已有1300多年的历史了，是我国保存最好的唐代佛教古塔之一。

　　四祖推行的"生活禅"享誉中外，这里不得不提到一个人，那就是四祖寺的上一任方丈净慧长老。净慧长老是湖北新洲人，中国佛教协会副会长，2013年圆寂，享年80岁。净慧长老德高望重，学识渊博，来四祖寺后，净慧长老开始弘扬生活禅。所谓生活禅，即将禅的精神、禅的智慧融入生活，在生活中实现禅的超越，宗旨是继承传统（契理），适应时代（契机），立足正法，弘扬禅学，开发智慧，提升道德，觉悟人生，祥和社会。核心理念是在生活中修行，在修行中生活。

四祖对禅的重要贡献在于承先启后、承上启下。没有四祖的铺垫,便没有五祖的全盛辉煌,更没有六祖之禅宗集大成。四祖寺不但在我国佛教发展史上占有重要的位置,而且在东南亚各国也享有盛誉。

五祖风景区

"蕲黄禅宗甲天下,佛教大事问黄梅"。五祖寺位于黄梅县东 12 千米的东山,建寺 1300 多年,宋英宗御赐"天下祖庭",宋徽宗御赐"天下禅林"。元至顺二年(1331 年)文宗改赐寺额"东山五祖寺",简称五祖寺,此名一直沿用至今。五祖寺是弘忍大师的说法道场,也是六祖慧能大师得衣钵之地,因此在我国佛教史上占有极其重要的位置,在国际上,特别是日本、印度等东南亚国家,享有至高无上的地位和盛誉。

说起五祖寺,我们就不得不提起禅宗的来源。相传古印度释迦牟尼第 28 代传人菩提达摩开创了佛教的一个重要流派——禅。黄梅与禅有着千丝万缕的联系。四祖道信在禅的指引下来到黄梅西山,结束了托钵沿门的苦行僧生活,第一次有了禅院。

五祖弘忍大师,俗姓周,黄梅人。三岁那年弘忍还不会说话,被人称为哑巴。一天,弘忍随母亲到田野捡麦子。阔少恶作剧地跨在他的头上,让他叫爹。弘忍愤怒的话语冲口而出,"将来你们都要叫我爷!"弘忍开口讲话的地方从此被人们尊为"新开口",这个镇就叫新开镇(典故来自《五灯会元》)。虽然出生在农家,但是周母十分重视孩子的教育。在这样的家庭环境中,弘忍刻苦攻读。渐渐地,他既通老、庄,又通儒学,而且对禅学表现出浓厚的兴趣。

唐武德七年(624 年)的一天,7 岁的弘忍出门散步,恰好遇到双峰山道信禅师。道信让随从尾随弘忍回家,见过他的母亲,说服母亲让弘忍出家,弘忍的母亲欣然同意。周母与弘忍分手的地方,后被叫作"离母墩"。从此,弘忍来到双峰山,拜道信为师,出家剃度为僧。

　　弘忍是个律己甚严的人。学禅期间，他黎明即起，挑水劈柴，打扫寺院，舂米磨浆。静寂的夜晚，在禅房昏暗的油灯下，静坐习禅，默诵经文。弘忍大师生性勤勉，白天劳动，晚间习禅；性格内向，少言寡语，宽忍柔和，被欺负时，也不争辩，泰然处之。《传法宝记》记载：白天与大众一起，干各种杂活儿，晚上则摄心打坐，通宵达旦，精进修行，经年累月，不曾懈怠。弘忍大师为普及佛法，首先从物质保障入手，把运水搬柴等一切劳动都当作禅的修行。身为一代祖师，仍不避艰辛，常上山耕种、打柴。

　　作为佛教禅在中国的始祖，菩提达摩用他的木棉袈裟作为佛祖继往开来的凭证，一代代相传，传至五祖弘忍时达到鼎盛。

　　据统计，至中华人民共和国成立前夕，黄梅县已是五教皆有，教徒和信众多达一二十万之众。而在五教之中，佛教最为流行，县志记载其盛况是"十里三座庙，无处不逢僧"。黄梅县至今保存完好且香火鼎盛的寺庙有四祖寺、五祖寺、老祖寺、蔡山江心寺、南山寺、北山寺等。

　　佛教在中国的最重要流派禅宗的六大祖庭中就有四祖和五祖在黄梅，中国佛教协会已故会长赵朴初曾说过，"中国的禅宗，无不出自黄梅"。

　　五祖寺山门前公路旁有3棵（寺院围墙外还有3棵）千年青檀（俗称油朴树），属于国家二级保护植物。其枝皮、茎皮纤维为制造驰名中外的宣纸的重要原料。主干高达28米，覆盖面积超600平方米。

　　五祖寺山门外，有一幅巨大的对联。上联是"上接达摩一脉"，下联是"下传能秀两家"。菩提达摩是中国禅宗的始祖，能秀则是五祖的两位传人，能是六祖慧能，禅宗的顿悟以慧能为最；秀是神秀大师，禅宗的渐悟以神秀为最。

　　在五祖寺大门两侧，还有两句偈语，一句是神秀的"身似菩提树，心如明镜台。时时勤拂拭，莫使惹尘埃"，这句偈语的意思是众生的身体就是一棵觉悟的智慧树，众生的心灵就像一座明亮的台镜，要时时不间断地掸拂擦拭，不让它被尘垢污染而障蔽了光明的本性。另一句是惠能的"菩提本无树，明镜亦非台。本来无一物，何处惹尘埃"，意思是，菩提树是空的，明镜台也是空的，身与心俱是空的，本来无一物的空，又怎么可能惹尘埃呢？

　　《六祖坛经》记载，有一天，弘忍讲完禅学，走到众弟子面前。他的语调很低，话语却有着强烈的穿透力。他让众弟子不论地位高低，不论资历深浅，每人就禅的见解各做出一偈。谁的好，就将衣钵传授给谁。弘忍大弟子神秀深思熟虑后做出一偈，"身似菩提树，心如明镜台。时时勤

拂拭，莫使惹尘埃。"这一偈，被弘忍大师认为，"未见本性，只到门外，未到门内"，引来一片沉默。这时，有小沙弥上前低声向弘忍大师汇报说，有位小师弟和了一偈。这位小师弟是正在隔壁舂米的行者慧能。弘忍大师双手捧起小沙弥递上来的偈语，一丝春风荡过弘忍大师的面孔，但是，许多人都没有察觉。他用手杖在石板上轻轻叩了三下，装作轻描淡写地说，"亦未见性"。众僧舒了一口气。事情本该如此，一个干苦力的行者能悟到什么境界呢？但这个细节被慧能看到了，轻叩三下，是什么意思？是三更？就在那个夜晚，弘忍做了个天大的决定：将慧能作为衣钵传人。还是在方丈室，三更天，弘忍大师为慧能单独讲解了《金刚经》，并授之以衣钵，同时，连夜送慧能渡船至九江驿……

上元二年（675年）2月21日，弘忍大师在朗诵一段《金刚经》后，圆寂在座位上。弘忍大师圆寂后，慧能以《金刚经》开东山法门于南方，神秀则以《楞伽经》传东山法门于北方，成为南顿（顿悟）北渐（渐悟）、南北两宗创始人。

进入山门，走进天王殿。天王殿门楣上有宋真宗赐封"真慧禅寺"的匾额。走进大殿，只见正中供奉弥勒佛，两旁是镇守四方的四大天王佛像。四大天王中东方天王名叫持国，南方天王名叫增长，西方天王名叫广目，北方天王名叫多闻。四大天王摧邪扶正，护法安僧。他们分别手持琵琶、剑、蛇、伞。而弥勒佛后面是韦驮菩萨，他手捧降魔金刚宝杵，威风无比。

大雄宝殿是五祖寺的核心建筑，大雄宝殿里有佛三尊，即药师佛、释迦牟尼、阿弥陀佛，代表过去、现在、未来三世，称为三世佛。释迦牟尼两侧另外有一老一中佛像，是佛的两位弟子。老者为迦叶，中者为阿难。三世佛左右两侧为文殊菩萨、普贤菩萨。东西墙两旁安置十六尊者，后来加上降龙、伏虎两位才有十八罗汉。

五祖寺内有两块不同寻常的碑文。一块是宋英宗御赐的"天下祖庭"，另一块是宋徽宗御赐的"天下禅林"。天下祖庭，这个称号在禅宗的历史上可谓空前绝后。如果说四祖为禅宗的发展在组织建设和制度建设上奠定了基础，那么五祖的贡献就是改革禅学理论和修行方法，使之浅显易懂，能够广为传播，即五祖创立的"东山法门"。同时，五祖选拔人才不拘一格，也使禅宗兴旺起来。

五祖寺的水清澈甘甜，而且带着美丽的传说。在圣母殿西侧，有一股淙淙泉水，名叫"白莲溪"。它从山涧流过，昼夜不息，声响如琴。当年，五祖弘忍取这泉水煮茶，饮之清心明目，后人效法，故名"法泉茶"。宋代诗人苏东坡到此一游，感慨豪发，他把这淙淙泉水取名"流响"，并留下了潇洒的石刻手迹。据考证，东坡先生数次登临黄梅东山，在禅宗五祖寺受到启迪，留下了人生感悟。苏轼有一次来到五祖寺，感到格外亲切，特地在寺内住了一宿，写下了一诗，"石耳峰头路接天，梵音堂下月临泉。此生初饮庐山水，他日徒参雪窦禅。"他的父亲苏洵、弟弟苏辙也曾游历过五祖寺。三颗文坛巨星相继光顾五祖寺，后人建有东坡亭作为纪念，五祖寺这座禅宗千古名刹也因之更加名重一时。

　　毗卢殿是一座比较独特的殿堂，又名麻城殿。现存麻城殿是明万历三十年（1602年）重建的，殿内造毗卢遮那佛像。清乾隆四十三年（1778年）《黄梅县志》中记载，"毗卢殿于明复修，由麻城人捐作，凡麻城人朝礼五祖寺时，每人必背一砖一瓦，故称麻城殿"。据说，五祖寺有个游方和尚，在麻城遭遇大旱。为了解决当地人的燃眉之急，他盘腿坐在烈日下诵念经文，连续三日三夜，终于求来了雨。为了报答五祖寺，麻城人民出钱出力修建了一座殿。古代交通不便，麻城又地处大别山区深处，但他们穿山越岭，将本地生产的砖瓦一块块、一片片地背到200余千米外的黄梅东山。此情此景感动了黄梅县人，便将此殿称为麻城殿，以示纪念。门楣上有一块刻着"西来四叶"的石匾。"西来四叶"又被读作"酉来卯叶"，"酉""卯"是十二地支中的两个字。"西来四叶"是什么意思呢？相传古代佛经写在贝叶树的叶子上，故佛经又称为"贝叶经"。"西来四叶"是指禅从西方传来五祖寺，已经是第五代（萌发了第四片新叶）。那么，"西来四叶"为什么又读作"酉来卯叶"？十二地支中，酉指太阳下山时，即日落酉时。太阳落在西方，通常用酉代指西。"卯"通常指太阳升起之际，又被代指东方。这样，"西来四叶"读作"酉来卯叶"就不难理解了。

　　观音殿供奉的是千手千眼观世音菩萨，值得一提的是殿门外的紫竹，非常罕见。传说观音是在紫竹林里修行，所以殿门两侧便栽种了紫竹。

　　财神殿内供奉正财神赵公明、武财神关公、印度财神伽蓝的佛像。财神是中国各阶层普遍的信仰对象，常年香火旺盛。

　　《六祖坛经》记载，六祖慧能曾身系坠腰石在磨坊舂米，经劳作和学禅双重苦修，深得大师的器重而获得衣钵，后来他将东山法门传播到岭南大地。为纪念慧能大师和弘忍大师，五祖寺新建两座古色古香的殿堂，具有唐代的风格，这就是六祖殿。殿内有他在东山舂米的石槽古迹，南廊上的石刻壁画详细记载了五祖传衣钵的故事。

　　真身殿是按照弘忍大师生前的吩咐，由弟子们建造的，里面供奉五祖的真身。唐代宗赐封弘忍为"大满禅师"，对其墓塔赐名"法雨塔"。后来，弘忍大师的弟子将寺庙由山顶移向半山腰，同时将法雨塔一起迁移，并在墓塔上建殿堂，起名真身殿。真身殿建设至今，遭遇了多次灾难，均逢凶化吉，转危为安。这里面有着强烈的传奇色彩。相传当年日本侵略中国时，有汉奸报告寺庙里躲藏大量伤员。敌军闻讯派飞机多次从五祖寺上空飞过，投掷炸弹。但是炸弹每次都打偏，不是飞过山岭，就是落在沟谷，对寺庙没有造成损伤。五祖寺多次发生山火，一些殿堂在火中化为灰烬，但是真身殿毫发无损。人们说这是弘忍大师显圣。

　　所谓通天路，是指其陡峭艰险。相传五祖寺后著名的通天路，有269级石阶，直达山顶。为什么通天路是269级而不是270级？因为佛教传说，269级，差一步就可上天。这一步就是皈依佛祖，虔诚修行，还有劝诫大家做事留有余地的意思。

五祖寺怪石奇多。它们形状各异，又颇有特色。授法洞后就有块巨石，石上有"德福"两个斗大的字，苍劲有力，笔力雄健，引来很多香客踮起脚来努力用双手去摸，以沾染些福气。它是清同治年间当地布衣邓文滨所写，由后人雕刻而成。

五祖寺还有块巨石，形状奇特，平地凸起，形如规范的圆柱。这个高大的圆柱高2.4米，圆周8.6米，西侧雕琢有七级阶石，可拾级而上。攀上圆石，只见上面格外平坦，一张大棋盘恰到好处地排列在石上，东西南北四方，每方可坐2人，这就是弘忍大师使用过的棋盘石。相传暮年的弘忍经常与天下名僧集聚东山，偶或在这方巨石上聆听风雨，悠闲地对弈，在呼呼作响的松涛里切磋绵绵不尽的禅宗话题。那棋子的每一次起落，都有着别样的内涵。看似简单的举止，原本有着深刻的禅意。

沿着棋盘石向下的小径往前走，这条小道极为隐蔽，外人难以找寻。沿着这条曲径走约700米，可看到一个石洞——桃源洞，原名三佛洞。洞外松木和杉木密布，环境清幽静谧，不易为外人所察觉。进入此洞，顿觉浑身凉爽无比，一路走来微微冒出的汗水在这里立即收敛，仿佛进入了世外桃源。相传北宋时期，佛果克勤、佛鉴慧勤、佛眼清远三位高僧在五祖寺法演门下，他们3人经常在这里相聚，讨论禅宗疑难，在僧众中传为佳话。

授法洞原名斗法洞，洞顶有五个指印，深刻且明晰。相传弘忍大师经常在石洞打坐。石洞冬暖夏凉，人迹罕至，极适合修行。暮年的老禅师在衣钵传人的问题上苦苦思索。当他确认慧能为衣钵传人后，他在这里完成了衣钵的交接。此刻，他才如释重负。《五祖寺志》记载，元代后，有人将斗法洞改名授法洞，并在石洞内雕刻五祖童子石像，在洞外的巨石上雕刻"授法洞"三个字。

从唐代至今1300多年，东山五祖寺不知经历了多少劫难，但是，每次都遇难呈祥。僧人们说这是弘忍大师在护佑东山。

五祖寺文化底蕴深厚。为了将五祖寺丰厚的文化发扬光大，五祖寺发起并承建了"东山阁"，它总投资2200万元，是五祖寺标志性建筑。主体建筑为宋式风格，共4层，其地下面积约4000平方米，地上面积约3500平方米，整个建筑以开放式服务和体验空间为主。未来东山阁将与山下的东山法门等景点相互辉映，进一步提升五祖寺的文化品位和旅游氛围。

走出山门，来到飞虹桥。据摩崖石刻记载，飞虹桥兴建于元代，横跨两山谷之上，下有泉流不断，是向蔡一带群众进出的要道，故又称道源桥。桥长约34米，宽约5米，高约8米，以青石条砌筑，单孔发券。桥上盖有长廊，纵深6柱7间。长廊两端为砖砌牌坊式门楼，上书"放下着""莫错过"的横额，书体潇洒，笔力苍劲。到此认真观赏品评两横批，悟透其真意者，会心胸顿开，烦恼全无。

关于飞虹桥东端的"放下着"三个字，有两层意思。一是朝拜五祖的善男信女，来到了东山就把私心杂念全放下吧。还有一层意思是，匆忙而劳苦的行人，你们且放下担子，在凉亭下好好歇歇脚，再赶路不迟。

而桥西端的"莫错过"三个字也有两层意思。一是五祖寺是佛教圣地、天下禅关，来修行的人们要虔诚地往前走，千万不要错过飞虹桥。第二层意思是，人生需要放下的东西太多，前来求财、求官运、求子的人们，要虔诚看着"莫错过"三个字，懂得该放下时就放下。因为，人之所以活着觉得累，是因为放不下的东西太多。为能活得轻松、洒脱一些，放下着，放下吧！

东山小镇问梅村

前世五百次回眸，才换得今生的一次擦肩而过；百世修来同船渡，千世修来共枕眠；万发缘生，皆系缘分。

东山小镇问梅村位于五祖景区内。五祖景区地处大别山主脉东端南沿，既有美丽神奇的自然风光，又集中国历史文化、唐至清时期古建筑群特色、现代建筑群特色于一身。清代蓝军恒有诗云："东山突起正中央，玉带双飘锁凤凰"。

景区的游客中心由清华大学建筑学院的王贵祥教授设计，建筑面积6000平方米，圆形构图，对外封闭，对内开放，内置一圆形镜面水景，寓意"天心月圆，真照无边"，劝说世人多做对社会有意义的事情。

穿过游客中心北门楼，右转之后便来到东山小镇问梅村的入口小广场，也是东山古道的起点。东山古道始建于北宋宣和三年（1121年），全长4千米，依山而建，最宽处4米，最窄处1米，为古代进山寻迹的唯一道路，被誉为湖北绝美古道。

沿着东山古道蜿蜒而上，右前方的这片区域便是东山小镇问梅村。问梅村占地面积1.4平方千米，生态秀美，环境优越，可以说是人杰地灵。2017年11月8日开工建设，是鄂旅投集团特色文旅小镇的代表项目。作为景区第一个目的地，小镇依托"黄梅戏""黄梅挑花""岳家拳"等国家级非物质文化遗产资源，运用文旅商相融合的模式进行开发建设和运营管理，包含主题民宿、特色餐饮、文化体验、休闲娱乐、文创零售五大业态，更是集生态有机产业、研学产业以及康养社区等多功能于一体的，有鲜明特质且高度开放包容的泛小镇。

小镇以中央广场为节点分为前镇和后镇，以其动静和私密程度的不同安排相应的功能，前镇沿街沿湖主要以零售和餐饮为主；背离主街的后镇及山麓地以主题客栈为主。在小镇里移步换景，亭台楼阁，青瓦白墙，樱花浅浅，所到之处皆为美景。

再看东山小镇问梅村的首开客栈——金粟院。"金粟"二字代表金色的种子,俗语曰:"春种一粒粟,秋收万颗子",这家客栈是在小镇播种的第一粒种子。希望来到小镇的游客都能有所收获,有所感悟,在人生的每个阶段都能播种好自己的专属种子,收获美好的人生。

金粟院占地面积1154平方米,建筑面积2187平方米,外立面采用稻草质感外墙涂料与木饰面相结合;一砖一瓦,皆着唐之风格,取宋之精巧,其高低错落的流线布局,形成自然起伏、疏密有致的空间节奏感。园林营建则深挖中国传统园林之精髓,叠山、理水、建筑、花木,无不体现着疏密得宜、曲折尽致、眼前有景的境界。

走进金粟院,首先映入眼帘的便是错落有致的各种植物。在设计景观的过程中,延请园林设计名师,遍访全国各地的苗木,寻找最适宜东山的植被。目前种植的花草树木品种达30余种。为了突显园林景致变化和四季更迭,小镇主打落叶乔木,间植芒草、藤萝,再辅以花、叶的香味和颜色,如绣线菊、红枫等,增加山林野趣,再现了欧阳修描述的"深红浅白宜相间,先后仍须次第栽。我欲四时携酒赏,莫教一日不花开"的场景。

金粟院不仅景观别致,还有很多有趣的建筑小品,如正在下棋的老人和小孩,看上去像爷孙俩,让人不禁想到《桃花源记》中"黄发垂髫,并怡然自乐"的场景。金粟院不仅有人工雕刻的建筑小品,还有天然的太湖石。穿过门楼,右侧就立着一块巨大的太湖石,这块石头是布景大师机缘巧合而得。逆水而上,耳闻潺潺流水,泻出山间,绕园而行,最终汇聚到太湖石,流入暗渠。中国园林素有"无水不成园"的传统,水随山转,山因水活。这样一汩出山之泉、清净之水,与山石相映,与草木相和,流动而富有灵韵。

在金粟院,尤其值得一提的是竹篱笆的栅栏。从选材到制作,都很讲究,最终将意境、质感、美感、功能等方面融合到一起。金粟院有两种样式的竹篱笆,一种是普通竹篱笆,一种是竹丝竹篱笆。为了找到合适的竹子,设计者考察了多处毛竹产地。就工艺制作而言,首先要找到技艺纯熟的工匠,经过选竹、分竹、烘竹、排竹等多道工序,编制手法、竹节排布技巧都颇为讲究。普通竹篱笆建造需要29道标准工序,而竹丝竹篱笆的标准工序多达43道。

大厅的屋面中间穿插铺设了一块树皮瓦,呈"非字形"。这是一种松树材质的树皮瓦,不仅美,而且防腐性能佳。脚边毫不起眼的苔藓则由工人们用小铲子一点一点铺平缝合而来，处处独具匠心。

金粟院由3栋建筑围合而成，29间客房，分为接待大厅、客房、餐厅、会议室等功能区。客房以"东坡文化"为主题，为什么要以此为主题呢？宋元丰二年（1079年），因"乌台诗案"，东坡先生被贬为黄州团练副使，经此一劫，心灰意冷。他听人说五祖山有仙山，便抽空到此游玩，来了一次之后便爱上了这里，每次来都会小住一段时间。因他爱喝酒，住在山上不方便，所以黄梅的文人学士们就在山下给他盖了一座草庐，方便他会友饮酒吟唱。客房以东坡文化为设计主题，也是希望游客能像东坡先生一样，寻找到自己的清闲自在之所。客栈定期开展文化体验活动，有趣味插花、文意抄书、茶道等。

出了金粟院的后门，就来到了东山小镇问梅村的主街入口小广场。它围绕"黄梅挑花""黄梅戏""岳家拳"等国家级非物质文化遗产资源，以文旅商相结合的商业模式进行开发运营。问梅村客栈总建筑面积33000平方米，引入多元文化，构建街景、水景、山景民宿和精品度假酒店产品体系，总客房量为464间，是鄂东地区规模最大文旅客栈集群。

东山小镇问梅村建筑风格为汉唐风。屋面采用和瓦、小青瓦、树皮瓦等多种形式，形成了鳞次栉比的屋顶；采用木构件装饰，包括斗拱、柱子、房梁等在内的建筑构件，均体现了力与美的完美结合；外墙采用传统夯土漆，创新加入稻草，纹理更加鲜明，让现代工艺与古代装饰完美结合；小镇景观因地制宜，以水为脉，商业街两侧均有流动水景，庭院内有静态水景，山体有瀑布，湖面有净水，动静结合，赋予小镇生命力；以石为基，铺装有规格尺寸不一的仿古石材，别院有厚重的垒石挡土墙，庭院有闲庭信步的汀步石，融汇了古色古香的江南气息；以物为灵，室内采用干湿不一的盆景摆件，室外有形态"怪异"的特选苗木，还有富有艺术气息的景观小品。

出了金粟院，右侧是景区的文创商店。在黄梅，大家常说："黄梅有三宝，戏曲、挑花、岳家拳。"此系列产品便是以黄梅三宝等国家级非物质文化遗产为设计元素，结合市场需求，打造了黄梅戏、黄梅挑花、岳家拳和吉祥物等系列产品，有胶带、U形枕、眼罩、帽子、短袖、钥匙扣、笔记本、徽章、帆布包、水杯等12款产品。希望通过文创商品，让更多的人了解到黄梅的特色文化。

出了问梅村继续往西边走，门楼上书"来得正好"四字。这四个字也告诉我们一个道理，无论是顺境还是逆境逆缘，该来的都会来，要调整好自己的心态，以积极的心态去面对，借用文偃大师的一句话：日日是好日。穿过门楼再回头看一下，上书"为甚而来"。这个问题似乎很好回答，却又很难说清，凡此种种，皆是缘分。

东山博览馆也是由王贵祥教授设计，建筑面积7000平方米，由中央大厅及东西两侧侧厅、中间展廊等组成。主楼高67.5米，副楼高33.8米，总投资2.6亿元，是陈列和展示黄梅非物质文化遗产的重要平台及教育学习基地。前方马鞭草花海区域是国家级重点文物保护单位——青龙榜遗址，遗址面积1600平方米，文化层厚约0.5米，战国时代遗物。花海旁边的照壁由湖北省美术家协会会员陶利平老师绘制，一共6幅画作，内容主要围绕黄梅古十景中的四景，南山古洞、北山乔木、东山白莲以及西山碧玉等，以及两首著名的诗偈。

穿过照壁，前方便是凤源里了，总占地面积0.164平方千米，因地处凤凰山南麓而得名。凤源里是独栋、小户型带庭院的中式别墅。

凤源里小区建筑风格以中国唐宋建筑之风为基调，结合当地资源和文化背景，以及现代技术手段，打造高品质中式园林别墅，在传承中国传统居住文化的同时，融入了现代人的居住理念。采用新中式的建筑风格，运用轻盈通透与简洁时尚的风格元素，营造出活力又不失尊贵的氛围，具体展现在采用檐、椽、斗拱、立柱、横梁等以中国传统建构的木构件。在青瓦、白墙间，古树红花点缀其间，彰显中式庭院的幽静、典雅。

邢绣娘生态园

邢绣娘生态园，又名绣娘田园，占地总面积约 13 平方千米，分为四个 3.25 平方千米。第一个 3.25 平方千米是精品茶园，种植黄金茶和白茶；第二个 3.25 平方千米是木本油茶基地，其中还含有 0.67 平方千米的油茶采穗圃；第三个 3.25 平方千米是林果花卉苗木基地，致力于打造月月有花、季季有果的景象；第四个 3.25 平方千米就是接下来要介绍的邢绣娘生态园核心景观区，区内有 10 多个功能业态。

五叶湖处于邢绣娘生态园的中心位置，湖边修有游步道，可以供游客漫步、骑行、垂钓和水上游船，在后期的规划中还将新增水上高尔夫、直升机等娱乐项目。

湖边像城堡一样的建筑就是康养民宿的接待中心，目前已建成并投入使用，拥有 36 间禅文化主题客房，6 间大小各异的餐饮包厢，2 间多功能会议室及宴会厅（可以同时容纳 300 人开会或用餐）。

接待中心的后方规划有 50 栋庭院式民宿，与叠水景观黄梅戏舞台融为一体，以健康养生为基础，开启集文化、旅游、运动、理疗、美食为一体的健康生活模式。

绣娘集市是以明清时期黄梅的原乡建筑为特色兴建的，集市具有三大业态：一是农特产品的售卖，二是农事体验场所，三是文创产品展示。

5D 玻璃天桥，桥高 21 米，横跨度为 168 米。站在桥上，可以体验 5D 科技带来的刺激感。俯瞰桥下，可以看到美丽的七彩稻田和动物园动物活动的场景。

生态加工厂现代化的观光车间内拥有 5 条自动化生产线，可加工 30 多个品种。元宵茶需要经过

8道工艺，分别是摊青（晾干水分）、切段、杀青（将茶制熟）、揉捻（加盐入味）、控干成型、烘干（便于保存）、加芝麻豌豆提香、真空包装。元宵茶不是以茶叶，而是以香菜作为主料，为什么叫元宵茶？是因为黄梅人在正月初一到元宵节前后，家里都会制作元宵茶用来待客。餐前饮用可以开胃，餐后饮用可以消食。元宵茶尝一口，淡淡的咸，再尝一口，浓浓的香，可饮出一番回家过年的味道，也是最具黄梅特色的饮品。

荷叶茶是黄冈的地标优品，在清代乾隆年间被誉为贡茶。相传乾隆皇帝下江南四次召见了邢绣娘。邢绣娘在御前献唱黄梅戏，献上荷叶茶，于是乾隆皇帝御笔亲题，"一代名伶邢绣娘，千古茗明绿荷香"。荷叶茶含有非常多的茶碱，可以起到降脂降压的功效。

邢绣娘的专利产品是用玉米胚丝网将茶叶固定在杯底，杯体还可定制口味，特别适合商务和旅行饮用。

鄂东动物园占地0.4平方千米，分两期建设，计划投入2亿元，以生态保护为基础，形成了人与动物和植物和谐共生的典范。动物园有珍稀动物、萌宠动物近百余种。

袁夫稻田

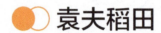

袁夫稻田，坐落在黄梅县大河镇永安村，以"永续友善"为发展理念，探寻自然生活、成长教育与家庭参与的关系。将农业的产业环节与旅游产品对接，打造集大米生产、观光游览、自然教育、生态种植、餐饮美食、度假民宿等于一体，围绕着山、水、人、田地的新型农场。

袁夫稻田，力求形成现代农旅产业链，打造可持续发展的商业模式，正在引领价格消费向价值消费的转变，带来兼具智慧与审美、社会责任感和人文关怀的生活形态。

"日子缓缓，生活很田"，袁夫稻田有健康的大米，有田间的民宿，更有爱生活的你。

▶ 袁夫自然环境

山水天地间，寻稻自然。袁夫稻田地处湖北大别山南麓自然生态保护区，毗邻永安水库，三面环山，山清水秀，鸟语花香，白鹭翩翩。中热带大陆气候，无霜期140天，昼夜最大温差20 ℃，利于水稻中营养物质的充分积淀。依天然地势，山泉水汇聚引流灌溉，种健康好稻米。

▶ 袁夫在地文化

禅宗可修心，黄梅曲悠扬。袁夫稻田所在地文化底蕴极其丰厚，妙趣横生的黄梅戏发源于此，禅宗文化也源于此地。在这里能感受到佛教千年发展的轨迹，以及这千百年文明所留下的宝贵智慧财富。

袁夫特有的大门设计：选取粗粝天然的碎石，邀请来自广州美术学院的设计大师根据稻田环境及融景观于自然的美学要求，精心设计而成。

退役的绿皮火车是由杭州买来的火车头、郑州托运的7节车厢组成，另外还有武汉的铁轨加上枕木。景区保留了原本的车厢布局，守望者号包括3节火车餐厅、2节火车豪华套间和2间火车民宿，命名为拂晓、落霞，留住时光，也带你穿梭未来。

火车餐厅供应慢工精焙的私房菜，天然食材，加上厨师的私房功夫和耐心，绝对是一次物超所值的就餐体验。

7栋造型别致的木屋中，除第一栋为景区自用外，剩余6栋为人气稻居。木屋采用北欧建筑复式风格，在满足基础的五口之家的居住要求之外，还能满足年轻人不同的社交空间要求，已成为朋友圈里的宝藏打卡点。每一栋都有一个好听的名字，分别是初遇、絮语、暗愫、缱绻、遥思、眷忆。

每一间房都能做到差异化，都有自己鲜明的个性，都有打动人心的细节，这就是袁夫稻田的民宿让人称道、入住率居高不下的秘诀。接着去稻田栈道感受一下。

稻田栈道有几百米，可以通过栈道行走于稻田之间，与稻田亲密接触，亲身体验传统的农耕文化。为了保证饮食安全，袁夫稻田坚持用自然农法种稻。甄选国家一级稻种，推行稻鸭共养模式，引进生物灭虫技术，全程严禁使用任何农药和化肥，确保稻米质量。种足 140 天，历经春耕、夏耘、秋收，并养护、除草，传承农耕精神，还原安全、新鲜、营养、天然的健康大米。

在栈道两侧设置有两处观景平台，夕阳西下的时候，喝上一杯咖啡，感受惬意时光。

遵循自然的生长，依托大树，建造出了这座在稻田间具落地玻璃外观的艺术房子——稻梦空间。里面采用原木的设计风格，将大自然的草捆和树木搬到室内，化身为桌椅和舞台。白天它是体验课堂、西餐餐厅兼休憩空间；到了晚上，它摇身一变，化为与亲朋好友相处的温馨与愉悦的"欢唱客厅"。大家在一起听听民谣，仿佛时光回到了过去，再喝点小酒，享受惬意的夜晚。

出了门，就来到了白帆集市。细心呵护的草地，在重要的日子可成为大家的欢乐场地，例如举办亲子活动、草坪婚礼、农夫市集等，也可以拉起幕布，星空下的电影让你仿佛回到八九十年代"电影下乡"，全村人在村口的大树底下看电影。每一幕都让你放松身心拥抱土地，从这里带走淳朴的记忆。沿着小路走向池塘，夏天的时候，荷花盛开，鸭儿们在里面嬉戏。

有四只小鸭子，是农场里的"网红"。它们有自己的名字，叫米娜、米雪、米奇和米修，是四只快活的小鸭子。在荷塘边上，总能看到它们的小小身影。

抬眼望去，就看到袁夫小院。稻田中央的小院，早晨被虫鸣鸟叫唤醒，在稻浪花香中悠悠醒来，还有石阶草院、星空屋顶等激发生活想象的田园小景。

三座星空帐篷的外立面采用全白独特设计，拥有稻景落地窗，另设户外露台。整个设计运用现代北欧式建筑理念，优于传统建造方式维护结构的保温性能，选用绿色环保建筑及装饰材料，执行无甲醛装修标准，可即时入住。入住时，有漫天的星星陪伴，可领略最美的天空和最深邃的星辰。

沿着开满鲜花的小径，十字路口的尽头就是天空之境。两栋拥有 270° 视角的玻璃房，配备进口的乳胶床垫、电动窗帘、按摩浴缸等现代智能设备。大片的落地玻璃窗，躺着就能近距离看浩瀚的稻海！

大片的稻田处就是稻田舞台。蓝天做屋顶，白云做装饰，大地是舞台，风来伴奏，大片大片黄灿灿的稻田间，灯光闪烁，音乐响起，跟着乐队和歌手们，一起感受稻浪和音浪交织，伴随着好看的舞蹈，全身心放松，一起回到那简单自由的快乐时光，享受原始的乡野风情。

在稻田的中央，布下餐桌，让游客可以闻着稻香，品着风景就餐。原木色的餐桌散发着自然的光泽，白色的纱幔随风轻舞，与远处青山、淡蓝天空组成一道治愈的风景。在这样的场景吃上一顿饭，大概能让人铭记一辈子吧。

除了在火车餐厅和稻田餐桌用餐，稻田烧烤也是一个不错的选择。这种方式更热烈火辣、原始粗犷。

星空夜，跳跃的火苗，一串吱吱冒油的肉串，加上爽口的啤酒，人生至乐也！

烧烤区旁边是一个露营岛，人工挖湖造岛，岛上铺草皮，形成雅致小景。建成后可露营，可烧烤，可钓鱼，深夜狂欢再也不用担心影响他人。

再踱几步，旁边就是木木公园。平坦的青草地上，艺术而野性的木头陈列，堆放着大小各异的木头桩子，看似漫不经心，但设计出木椅、跷跷板、小木马等原木打造的无动力设施，营造了一个孩子们的自然艺术天地。这是稻田较喧腾的地方，不只是孩子的乐园，大人们也会按捺不住童心，上去耍玩一番。

木木公园的不远处则是稻田娱乐场。想要娱乐放松的话，也可以来到袁夫稻田射击场，还可以玩套鸭子的小游戏。

沿着木木公园，朝水库方向走，可以看到一座蓝色的小房子，这就是孤独咖啡馆。孤独咖啡馆是相对稻田遗世独立般的存在，静静地待在远离尘嚣之处，让前来的人能够安静地享受一杯有温度的咖啡，得到彻底的放松和疗愈。

折返回来时沿着火车的方向走，可以看到未眠花园。未眠花园依托稻田元素，利用月季花、绣球花等主题花色，贯穿可爱的野趣草地，落成一座自然友好型花园。

玫瑰谷漂流观光生态园

视频：玫瑰谷

玫瑰谷漂流观光生态园位于湖北省黄梅县北部山区柳林乡，东邻安徽省宿松县柳坪乡、二郎镇，北连蕲春县向桥乡，西接黄梅县五祖镇，南傍古角水库。交通便捷，距离县城约35分钟车程，距离黄冈、黄石、鄂州、九江、安庆等地级市约1小时车程，距离武汉、南昌、合肥等省会城市及庐山、天柱山等周边风景区约2小时车程。近年来，黄梅县柳林乡发挥自然生态和山水资源优势，引进近亿元，建设集观光旅游、体育健身、休闲娱乐、购物食宿于一体的玫瑰谷漂流观光生态园，为黄梅增添了又一旅游景点。

园内的伊甸园玫瑰生态观光谷占地0.8平方千米，种植玫瑰0.73平方千米，种有红、黄、粉、紫、黑、白、蓝七色玫瑰20多个品种。谷内小桥流水，花香袭人，美不胜收，是游客休闲、观光和婚纱摄影的好去处。玫瑰满身是宝，可提炼名贵的玫瑰精油，还可制作玫瑰茶、玫瑰酒、玫瑰露、玫瑰酱等，具有美容养颜、清热消火、舒筋活血的作用；玫瑰枝叶可制作纺织用的高级染料。置身谷内，尽情感受大自然赋予的温馨浪漫，人生也多了一份浪漫。

玫瑰谷漂流区是玫瑰谷漂流观光生态园的重要组成部分，拥有世界最长人工滑道（1904.7米），世界最大垂直落差（215米），全长6.1千米的漂流河道。河道两侧山高林密、鸟语花香，其中一个单体最高落差130余米，堪称"天下第一漂"！整个漂流河道分三段：第一段"勇士漂"，全长1.6千米，河道相对落差55米，跌宕起伏，可体验到与大自然搏击的惊险刺激；第二段"云海漂"，全长2.2千米，漂流滑道相对落差近130米，有惊无险、穿林拨雾，可体会激情奔放、云海漂流的惬意；第三段"逍遥花海漂"，全长2.3千米，河道相对落差30米，水流平缓、悠闲自在，随着清澈明亮的水流节奏，顾盼四周，两岸百万株珍稀玫瑰，芬芳扑鼻，是寻找快乐、追求自然和谐的源泉！

  玫瑰谷水上乐园占地0.04平方千米，建有游泳池、摸鱼池、水上游乐等项目，可在这里划船、骑水上自行车、水上摩托，或摸鱼、游泳，享受慢生活，欣赏自然美景，体验天人合一的快乐。

  龙池河大峡谷游乐区是纯天然景观，从"龙门"进入景区，由"溯溪天梯"蜿蜒而上，经过"仙女池"，越过"神蟒戏水"，展现在眼前的是人工"旱滑道"，长约580米，落差180余米，由远而近，疾驰而下，惊险刺激，扣人心弦；目光远眺，远处传来轰隆隆流水撞击的响声——"溯溪天瀑"，近至跟前，不免由衷感叹大自然之杰作，雄伟壮观。继续往上，"龙口崖瀑布"如一帘清泉悬挂空中，更引来传说中的龙母搬来"龙母椅"端坐凝望。踏完溯溪天梯，进入原始森林，探秘百年古村，千年古洞，景在人非，恍如隔世……

  除了漂流，在景区周边，游客还可开展生态攀岩、户外骑行、野外宿营等休闲健身运动，或欣赏南山灵峰禅寺、北山宝相寺、北山古松、南乌崖石经、南乌崖碑、南山古道、望云桥、棋盘石、紫云洞、夫妻松等50多处自然美景。

  "鄂东的生态氧吧，湖北的香格里拉"，这不是溢美之辞，而是实至名归。玫瑰谷一漂，将为你的人生添上浓重的一笔，你的记忆将留下梦幻，留下斑斓五彩，留下温情与浪漫。

黄冈旅游线路

▶ 红色圣地游　扬爱国情怀

红色旅游线路走向：

1. 黄州（陈潭秋故居）—团风（林家大湾、黄冈革命烈士陵园）—红安（黄麻起义与鄂豫皖苏区纪念园等）—麻城（麻城烈士陵园等）（沿大广高速、麻安高速）。

2. 红安（黄麻起义与鄂豫皖苏区纪念园、七里坪等）—麻城（乘马会馆、麻城烈士陵园等）—罗田（胜利红色旅游区）—英山（英山县烈士陵园、长征文化公园英山园区）（沿大别山红色旅游公路）。

红色旅游经典线路：

1. "两百个将军同一个故乡"红色探寻两日游。

D1：黄麻起义和鄂豫皖苏区纪念园—前往中国历史文化名镇七里坪镇—参观长胜街革命遗址群、苏维埃工会、苏维埃银行、列宁小学、七里坪革命纪念馆等—参观秦基伟将军故里秦罗庄。

D2：登红马寨：感受一往无前、不胜不休的红安精神—参观李先念故居，并观看短片《大爱》—午餐后返程。

2. 团风红色人文两日游。

D1：团风渡江战役纪念公园—善济禅寺—回龙山名人故里旅游区（包括李四光故居、八斗湾共存社旧址、张浩故居等，林家大湾安排中餐）—牛车河水利生态旅游区—大崎山森林公园（游龙王山顶，安排食宿）。

D2：游览大崎山森林公园（游接天山景区）—黄冈中心县委旧址—黄冈革命烈士陵园（安排中餐）—红军广场—徐会之故居—返程。

▶ 绿色生态游　赏大好河山

生态旅游路线走向：

1. 黄州（遗爱湖）—罗田（天堂寨等）—英山（大别山主峰、四季花海等）（沿武英高速）。

2. 罗田（燕儿谷、天堂寨、薄刀峰等）—麻城（龟峰山等）—红安（天台山等）（沿大别山红色旅游公路）。

3. 英山（桃花冲、大别山主峰等）—浠水（三角山等）（沿201省道）。

生态旅游经典线路：

1. 乡村迎福两日游。

D1：龙门花海景区，午餐品尝武穴特色菜大坝鱼头—采挖佛手山药—乘高铁前往黄梅东山小镇，夜游东山小镇问梅村。

D2：四祖寺—午餐—袁夫稻田—返程。

2. 怡情山水花间两日游。

D1：游览麻城孝感乡文化园（国家AAAA级旅游景区）—游览五脑山国家森林公园（国家AAAA级旅游景区）—五脑山附近清远山庄（或明旺农庄或南山土灶）等—古孝感乡都生态旅游度假村—篝火晚会—古孝感乡都生态旅游度假村内酒店入住。

D2：游览菊香人家景区（国家AAA级旅游景区）—游览天然氧吧"黄柏山·狮子峰旅游区"—游览黄柏山大瀑布—返程。

3. 春游大别山（黄冈）赏花精华六日游。

D1：麻城站接团—游览龟峰山、看十万亩杜鹃花海(晚春)或游览五脑山、看万亩茶花绽放(早春)—景区午餐—赴麻城市区游览湖广移民文化公园、麻城烈士陵园、王树声纪念馆—住麻城市区，晚餐可品尝大别山吊锅、老米酒，观看东路花鼓戏、鄂东民俗歌舞演出。

D2：游览大别山世界地质公园、国家自然保护区、国家森林公园"雄、奇、险、幽"的秀美自然风光，主要景区有罗田天堂寨、薄刀峰、英山大别山南武当等可选择游览，中晚餐和住宿均在景区，晚上可观看《大别山放歌》或参加篝火晚会。

D3：游览三角山风景区体验四季滑雪场—午餐后赴蕲春县—游览李时珍百草园、医道文化养生基地普阳观—住蕲春县城，晚餐后体验艾灸、艾浴等蕲艾养生服务。

D4：参观李时珍纪念馆，谒李时珍墓—游览赤龙湖湿地公园、蕲艾小镇、明清影视城—午餐—赴黄梅县柳林乡，游览玫瑰谷生态旅游区—住黄梅县城，晚餐后欣赏黄梅戏表演。

D5：游览、拜谒"禅宗祖庭"，游览四祖寺、芦花庵—中餐素斋—游览遗爱湖公园—入住。

D6：游览东坡赤壁、李四光纪念馆或黄冈博物馆—齐安湖生态农庄午餐—游览团风县林家大湾—返程。

4. 激情大别山（黄冈）夏日体验五日游。

D1：黄冈站接团—游览东坡赤壁、李四光纪念馆、嗨派蛙水上乐园—午餐—游览团风县林家大湾、黄冈博物馆、黄冈中学、东坡文化主题公园遗爱湖公园—住黄冈市区，晚餐后散步遗爱湖畔或欣赏黄梅戏大剧院演出。

D2：参观闻一多纪念馆、浠水文庙—游览三角山风景区—景区午餐—三角山四季滑雪场滑雪或三角山龙潭峡漂流—住景区，晚上观看鄂东民俗与异域风情表演或参加篝火晚会。

D3：英山游客中心体验活字印刷—游览乌云山茶叶公园—英山大别山南武当—体验毕昇大峡谷（或桃花冲峡谷、天堂峡谷、进士河）等其中一个漂流项目—住在景区，晚上观看《大别山放歌》或参加篝火晚会。

D4：参观李先念故居、董必武故居、"铁血红安"影视城—住红安县城，晚餐后观看《红安回响》。

D5：参观黄麻起义和鄂豫皖苏区纪念园—参观长胜街—将军红民俗文化村午餐—游天台山、聆天台禅乐，或体验对天河漂流—返程。

5. 多彩大别山民俗精华六日游。

D1：黄冈站接团—游览东坡赤壁、团风县林家大湾—午餐—游览黄冈中学、黄冈博物馆、李四光纪念馆、遗爱湖公园—住黄冈市区，晚餐后散步遗爱湖畔或欣赏黄梅戏大剧院演出。

D2：赴罗田县，游览大别川生态画廊，观赏九资河镇徐凤冲、圣人堂红叶（乌桕）—农家乐午餐—游览天堂湖湿地公园—住九资河镇，晚餐可品尝大别山吊锅、老米酒。

D3：游览薄刀峰景区—住均在景区，晚上观看《大别山放歌》或参加篝火晚会。

D4：游览向明河红叶谷（枫叶）、大别山古陆核地质观测点—观看大别山老米酒工艺—农家乐午餐—游览纯阳大峡谷、福白菊基地—住麻城市区，晚餐后观看东路花鼓戏、鄂东民俗歌舞演出。

D5：游览五脑山景区（菊花展）—午餐菊花宴—游览湖广移民文化公园、王树声纪念馆—参观长胜街—住红安县城，晚餐后观看《红安回响》。

D6：参观黄麻起义和鄂豫皖苏区纪念园、董必武故居、"铁血红安"影视城—中餐—参观李先念故居、陈锡联将军故居或访吴氏祠和周纯全（上将）、叶君健（文学家）故里—返程。

6.英山全域三日游。

D1：上午到达英山，前往英山游客中心，体验毕昇活字印刷—后赴四季花海景区—花海餐厅用中餐，品尝英山地道美食—游览四季花海景区—洪广美食街体验地道英山美食—入住毕昇温泉酒店，开启泡汤之旅。

D2：前往乌云山茶叶公园—茶园内乌山春苑用中餐—赏天马寨景区—大别山南武当旅游区入住。

D3：早餐后乘车前往主峰索道站，乘索道登顶大别山主峰—游览南武当景区—农家乐中餐—游览龙潭河谷—结束。

7.麻城精华三日游。

D1：游览五脑山国家森林公园—晚餐，品尝麻城特色吊锅，蔸子火老米酒。

D2：早上前往龟峰山景区（可自费乘坐索道上下），游览能仁禅寺，游览大型杜鹃花海—花立方—在龟峰山用餐—游览古孝感乡都度假村—晚餐，入住酒店休息。

D3：前往麻城博物馆—麻城烈士陵园—用餐—游览麻城孝感乡文化园—结束。

8.康养蕲春、美丽乡村之旅四日游。

D1：抵达檀林镇雾云山村，吃、住在雾云山村农家乐。

D2：沿雾云山梯田周边游步道漫步—用餐—檀林镇泗流山村。

D3：李山村—步行至驹龙园茶叶园—参观农村建设示范工程、生态农业观光园、李山村观景台，远眺仙人湖景观，或在驹龙园茶馆门前广场—用餐—张榜镇车门村—青石镇高溪村—晚餐—刘河镇胡志高村—刘河镇汤冲村—狮子镇农科所村。

D4：抵达横车镇九棵松村—管窑镇红旗岗村—土门果园场游览本草景观园—用餐—赤东镇陈云村—返程。

9."绿色大别山"生态体验两日游。

D1：前往罗田燕儿谷生态农庄—午餐—前往天堂寨景区—入住天堂寨景区。

D2：哲人峰—鹊桥—小华山—玻璃栈道—观光电梯下行—猴谷—晚餐—返程。

10."清凉大别山"避暑体验两日游。

D1：到达薄刀峰（天堂寨）景区—用餐—游览薄刀峰（天堂寨）景区，登高薄刀峰卧龙岗—夜游圆梦湖、圆梦谷—入住。

D2：游船激荡天堂湖（游船另外收费），游览天堂湖湿地公园展馆—用餐—体验进士河漂流—返程。

11. 乡村休闲花海康养三日游。

D1：参观三里畈镇张家冲村—前往甫薇山庄—参观甫薇山庄—前往燕儿谷生态农庄—晚餐—入住。

D2：前往罗田县旅游驿站—前往天堂湖湿地公园—前往天堂寨景区—午餐—前往英山县游客中心，体验活字印刷—参观英山乌云山茶叶公园—前往神峰山庄—入住毕昇温泉酒店（温泉体验）。

D3：前往四季花海景区—用餐—返程。

▶ 健康养生游　享身心愉悦

康养旅游线路走向：

1. 黄州—罗田—英山—蕲春—黄梅（沿武英高速转麻武高速沿线）。
2. 蕲春（李时珍纪念馆、李时珍文化旅游区等）—黄梅（东山问梅村等）（沿沪渝高速沿线）。
3. 黄州—蕲春—武穴—黄梅（沿大广高速转黄黄高速）。

康养旅游经典线路：

1. 世界级的寺庙、医典两日游。

D1：抵达五祖寺景区—午餐—鄂东动物王国—夜宿东山问梅村，夜游小镇。

D2：袁夫稻田—午餐—乘高铁前往蕲春，游览李时珍纪念馆—返程。

2. 黄冈康养赏花两日游。

D1：游览蕲春赤龙湖湿地公园—赴蕲州镇李时珍纪念馆参观—午餐—参观蕲艾产业园—参观英山县神峰山庄—入住，体验温泉浴。

D2：参观英山天马寨杜鹃花海—中餐—返程。

3. 黄梅、蕲春禅养两日游。

D1：登五祖寺，品五祖素食—游览玫瑰谷景区—景区中餐—体验玫瑰谷漂流—参观太白小镇—入住。

D2：前往李时珍纪念馆—药膳养生中餐—赴蕲春医药港体验艾灸—返程。

4. 黄州、武穴、蕲春、黄梅亲子之旅四日游。

D1：东坡赤壁—黄冈市博物馆—中餐—遗爱湖公园，晚宿黄州，品尝黄州特色美食。

D2：黄冈中学—李时珍纪念馆—中餐—武穴龙门花海景区—入住龙门花海度假村。

D3：通天河景区—中餐—黄梅东山小镇问梅村—夜游，看节目—晚住问梅村特色民宿。

D4：鄂东动物王国—绣娘田园—中餐—返程。

5. 古韵大别山、禅宗康养精华五日游。

D1：五祖寺—寺院午餐(素斋)—四祖寺—芦花庵—老祖寺—挪步园—住黄梅县城，晚餐后可预约欣赏黄梅戏。

D2：李时珍纪念馆—赤龙湖湿地公园—明清影视城—午餐—李时珍百草园—普阳观—住蕲春县城，晚餐后体验艾灸、艾浴等蕲艾养生服务。

D3：大别山南武当景区—午餐—大别山南武当滑雪场滑雪（或游览桃花冲景区—午餐—桃花冲滑

雪场)—住温泉镇,晚餐后泡温泉。

D4:英山县游客中心体验活字印刷术,游览四季花海、乌云山茶叶公园—午餐—林家大湾—黄冈中学—遗爱湖公园—入住黄冈市区。

D5:东坡赤壁—黄冈博物馆—李四光纪念馆—午餐—返程。

6. 养生之旅（李时珍医道文化旅游区）两日游。

D1:普阳观景区—午餐—普阳中医院—普阳养生院—普阳艾灸馆—逛旅游商品超市—入住。

D2:李时珍医药集团—李时珍中医药植物标本馆—蕲春县游客服务中心—蕲春旅游商品展销中心—李时珍国际医药港—李时珍健康精品超市—午餐—艾灸体验中心—返程。

7. 黄梅禅养三日游。

D1:老祖寺—午餐（寺庙用斋饭）—挪步园茶场—入住挪步园避暑山庄。

D2:挪步园风景区—五祖寺—玫瑰谷漂流—入住天下禅酒店。

D3:宛希俨宛希先烈士陵园—乘船游览下新源感湖—午餐品尝当地特色餐下新鱼面、鱼圆—返程。

8. 古韵大别山、禅宗康养精华五日游。

D1:五祖寺—寺院午餐(素斋)—四祖寺—芦花庵—老祖寺—挪步园—住黄梅县城,晚餐后可预约欣赏黄梅戏。

D2:李时珍纪念馆—赤龙湖湿地公园—明清影视城—午餐—李时珍百草园—普阳观—住蕲春县城,晚餐后体验艾灸、艾浴等蕲艾养生服务。

D3:大别山南武当滑雪场—午餐—洪广温泉—住温泉镇。

D4:英山县游客中心—四季花海景区—乌云山茶叶公园—午餐—团风县林育南故居(林家大湾)—黄冈中学—遗爱湖公园—住黄冈市区。

D5:东坡赤壁—黄冈博物馆—地质博物馆—东坡外滩品东坡美食—返程。

参考文献

[1] 方银旺.黄州安国寺[M].武汉：湖北人民出版社，2005.

[2] 陈潭秋.陈潭秋文集[M].北京：人民出版社，1997.

[3] 团风县党史地方志办公室.中国共产党团风县历史[M].北京：中共党史出版社，2017.

[4] 罗田县档案馆，罗田县史志研究中心.中国共产党湖北省罗田县历史[M].北京：中共党史出版社，2017.

[5] 罗田县地方志编纂委员会.罗田县志[M].北京：中华书局，1998.

[6] 英山县民政局，英山县地名普查领导小组办公室，英山县文化和旅游局，等.英山地名故事[M].武汉：武汉出版社，2020.

[7] 英山县财政局，英山县统计局.英山统计年鉴（2015）[M].武汉：中国文化出版社，2016.

[8] 中共中央党史研究室.中国共产党历史[M].北京：中共党史出版社，2011.

[9] 李时珍.本草纲目（金陵版排印本）[M].北京：人民卫生出版社，2002.

[10] 王宏彬.妙手圣医：李时珍纪念馆[M].北京：中国大百科全书出版社，1998.

[11] 黄梅县人民政府.黄梅县志[M].武汉：湖北人民出版社，1985.

[12] 潘百佳.禅宗祖师传说[M].武汉：华中师范大学出版社，2019.

[13] 黄梅五祖寺志编纂委员会.五祖寺志[M].武汉：湖北科学技术出版社，1992.

[14] 许永生.菩提达摩与中国禅宗文化[J].黄河科技大学学报，2007，9（5）:17-18.

[15] 湖北红安革命纪念地管理中心.红色印记：红安革命遗迹·纪念建筑物[M].北京：中国文史出版社，2018.

[16] 湖北省武穴市地方志编纂委员会.广济县志[M].上海：汉语大词典出版社，1994.

[17] 湖北省武穴市地方志编纂委员会.武穴市志[M].武汉：湖北人民出版社，2011.

[18] 柳西河.重订医学衷中参西录[M].北京：人民卫生出版社，2018.

[19] 李时珍.本草纲目[M].倪泰一，李智谋，译.重庆：重庆出版社，2014.

[20] 白开基，夏宇立.乘马顺河革命史[M].北京：长征出版社，2003.

后记

本书为适应时代需要，满足行业需求，宣传黄冈旅游资源，根据导游岗位的核心技能要求，将黄冈市A级旅游景区(景点)导游词进行搜集整理，由黄冈职业技术学院与黄冈市文化和旅游局联合编纂。

本书在编写过程中，得到了黄冈市摄影家协会、黄州区文化和旅游局、团风县文化和旅游局、红安县文化和旅游局、麻城市文化和旅游局、罗田县文化和旅游局、英山县文化和旅游局、浠水县文化和旅游局、蕲春县文化和旅游局、武穴市文化和旅游局、黄梅县文化和旅游局及各旅游景区等的单位和摄影爱好者的大力支持与帮助，在此一并表示感谢！

由于水平有限，加之史料收集难度大，历史事件及人名、地名较多，书中难免存在疏漏与不足之处，恳请广大读者提出宝贵意见。

编　者